中华人民共和国交通运输部

公路工程标准勘察设计招标文件

(2018 年版)

交通运输部公告 2018 年第 26 号
自 2018 年 5 月 1 日起施行

人民交通出版社股份有限公司
China Communications Press Co.,Ltd.

律 师 声 明

本书所有文字、数据、图像、版式设计、插图等均受中华人民共和国宪法和著作权法保护。未经人民交通出版社股份有限公司同意,任何单位、组织、个人不得以任何方式对本作品进行全部或局部的复制、转载、出版或变相出版。

任何侵犯本书权益的行为,人民交通出版社股份有限公司将依法追究其法律责任。

有奖举报电话:(010)85285150

北京市星河律师事务所
2017 年 10 月 31 日

图书在版编目(CIP)数据

公路工程标准勘察设计招标文件:2018 年版／中华人民共和国交通运输部组织编写. — 北京:人民交通出版社股份有限公司,2018.3
ISBN 978-7-114-14586-5

Ⅰ.①公… Ⅱ.①中… Ⅲ.①道路工程—勘测—招标—文件—中国 ②道路工程—设计—招标—文件—中国 Ⅳ.①U415.13

中国版本图书馆 CIP 数据核字(2018)第 049681 号

Gonglu Gongcheng Biaozhun Kancha Sheji Zhaobiao Wenjian

书 名:	公路工程标准勘察设计招标文件(2018 年版)
著 作 者:	中华人民共和国交通运输部
责任编辑:	吴有铭　刘永超　黎小东
出版发行:	人民交通出版社股份有限公司
地　　址:	(100011)北京市朝阳区安定门外外馆斜街 3 号
网　　址:	http://www.ccpress.com.cn
销售电话:	(010)59757973
总 经 销:	人民交通出版社股份有限公司发行部
经　　销:	各地新华书店
印　　刷:	北京市密东印刷有限公司
开　　本:	880×1230　1/16
印　　张:	11.5
字　　数:	235 千
版　　次:	2018 年 3 月　第 1 版
印　　次:	2018 年 3 月　第 1 次印刷
书　　号:	ISBN 978-7-114-14586-5
定　　价:	80.00 元

(有印刷、装订质量问题的图书,由本公司负责调换)

中华人民共和国交通运输部

公 告

第 26 号

交通运输部关于发布公路工程标准勘察设计招标文件及公路工程标准勘察设计招标资格预审文件2018年版的公告

为加强公路工程勘察设计招标管理,规范招标文件及资格预审文件编制工作,依照《中华人民共和国招标投标法》《中华人民共和国招标投标法实施条例》等法律法规,按照《公路工程建设项目招标投标管理办法》(交通运输部令2015年第24号),在国家发展改革委牵头编制的《标准勘察招标文件》和《标准设计招标文件》基础上,结合公路工程勘察设计招标特点和管理需要,交通运输部组织制定了《公路工程标准勘察设计招标文件》(2018年版)及《公路工程标准勘察设计招标资格预审文件》(2018年版)(以下简称《公路工程标准文件》),现予发布。

《公路工程标准文件》(2018年版)自2018年5月1日起施行,原《公路工程标准文件》(交公路发〔2010〕742号)同时废止,之前根据《公路工程标准文件》(2011年版)完成招标工作的项目仍按原合同执行。

自施行之日起,依法必须进行招标的公路工程应当使用《公路工程标准文件》(2018年版),其他公路项目可参照执行。在具体项目招标过程中,招标人可根据项目实际情况,编制项目专用文件,与《公路工程标准文件》(2018年版)共同使用,但不得违反国家有关规定。

《公路工程标准文件》电子文本可在交通运输部网站(www.mot.gov.cn)"下载中心"下载。

请各省级交通运输主管部门加强对《公路工程标准文件》(2018年版)贯彻落实情况的监督检查,注意收集有关意见和建议,并及时反馈部公路局。

中华人民共和国交通运输部

2018年2月14日

交通运输部办公厅	2018年2月22日印发

《公路工程标准勘察设计招标文件》
（2018年版）

审定委员会

主 任 委 员：吴德金
副主任委员：杨　洁　王　太　陶汉祥　张建军　裴岷山
委　　　员：赵成峰　顾志峰　郭　胜　石国虎　张竹彬　王松波　高会晋
　　　　　　王海臣　高新文

编写人员

主　　　编：石国虎　王　太　陶汉祥　张建军　赵成峰　彭耀军　高会晋
编写人员：王海臣　徐致远　王恒斌　艾四芽　李培源　刘建涛　李　悦
　　　　　　张　磊　马召辉　程　刚　高德风　程　磊　袁　静　王　林
　　　　　　张雄胜　阮明华　贺晓东　陈文光　刘　涛　邓　磊　范炳杰
　　　　　　刘清泉　兰立松

使用说明

一、为加强公路工程勘察设计招标管理，规范招标文件编制工作，交通运输部公路局会同国家发展改革委法规司，组织华杰工程咨询有限公司和国内专家对《公路工程标准勘察设计招标文件》(2011年版)进行修订并经审定形成了《公路工程标准勘察设计招标文件》(2018年版)(以下简称《公路工程标准招标文件》)。

二、《公路工程标准招标文件》以国家九部委《标准勘察招标文件》(2017年版)、《标准设计招标文件》(2017年版)为基础，以《中华人民共和国招标投标法》、《中华人民共和国招标投标法实施条例》、《公路工程建设项目招标投标管理办法》(交通运输部令2015年第24号)等法律法规和部门规章为依据，结合公路工程勘察设计招标特点和管理需要编制而成。

三、《公路工程标准招标文件》适用于依法必须进行招标的各等级公路和桥梁、隧道建设项目，其他公路项目可参照执行。

四、招标人根据《公路工程标准招标文件》编制项目招标文件时，不得修改"投标人须知"正文和"评标办法"正文，但可在前附表中对"投标人须知"和"评标办法"进行补充、细化，补充和细化的内容不得与"投标人须知"和"评标办法"正文内容相抵触。

五、招标人在根据《公路工程标准招标文件》编制项目招标文件中的"专用合同条款"时，可根据招标项目的具体特点和实际需要，对"通用合同条款"进行补充、细化，但补充或细化的内容，不得违反法律、行政法规的强制性规定和平等、自愿、公平和诚实信用原则。

六、《公路工程标准招标文件》用相同序号标示的章、节、条、款、项、目，供招标人选择使用；以空格标示的部分，招标人应根据招标项目具体特点和实际需要进行填写，确实没有需要填写的，在空格中用"/"标示。

七、招标人按照《公路工程标准招标文件》第一章的格式发布招标公告或发出投标邀请书后，将实际发布的招标公告或实际发出的投标邀请书编入出售的招标文件中，作为招标文件的组成部分。其中，招标公告应同时注明发布的所有媒介名称。

八、《公路工程标准招标文件》第三章"评标办法"规定采用综合评估法。在满足第三章"评标办法"相关注释的前提下，各评审因素的评审标准和分值等由招标人根据项目特点和需要合理确定。

第三章"评标办法"前附表应列明全部评审因素和评审标准，并在本章（前附表及正文）标明投标人不满足要求即导致否决投标的全部条款。

九、第五章"发包人要求"由招标人根据《公路工程标准招标文件》、招标项目具体特点和实际需要编制，并与"投标人须知""通用合同条款""专用合同条款"相衔接。

十、采用电子招标投标的，招标人应按照国家有关规定，结合项目具体情况和交易平台操作特点，在招标文件中载明相应要求。其中，招标文件的获取、澄清、修改、异议，投标文件的编制、加密、递交、修改与撤回，开标、评标、评标结果异议、中标通知等条款，可参考附录"采用电子招标投标条款示例"对《公路工程标准招标文件》的相应条款进行调整。

十一、各使用单位或个人对《公路工程标准招标文件》的修改意见和建议，请及时反馈交通运输部。

_____省（自治区、直辖市）

_____（项目名称）_____标段勘察设计招标

（招标编号：_____）

招 标 文 件

招标人：_____（盖单位章）

招标代理机构：_____（盖单位章）

_____ 年 ___ 月 ___ 日

目　录

第　一　卷

第一章　招标公告(未进行资格预审) ·· 5
1. 招标条件 ·· 5
2. 项目概况与招标范围 ·· 5
3. 投标人资格要求 ·· 5
4. 技术成果经济补偿 ··· 6
5. 招标文件的获取 ·· 6
6. 投标文件的递交及相关事宜 ·· 6
7. 发布公告的媒介 ·· 7
8. 联系方式 ·· 7

第一章　投标邀请书(适用于邀请招标) ·· 8
1. 招标条件 ·· 8
2. 项目概况与招标范围 ·· 8
3. 投标人资格要求 ·· 8
4. 技术成果经济补偿 ··· 9
5. 招标文件的获取 ·· 9
6. 投标文件的递交及相关事宜 ·· 9
7. 确认 ··· 9
8. 联系方式 ·· 9
　　附件　确认通知 ·· 11

第一章　投标邀请书(代资格预审通过通知书) ····························· 12
　　附件　确认通知 ·· 14

第二章　投标人须知 ·· 17
投标人须知前附表 ·· 17
　　附录1　资格审查条件(资质最低要求) ··· 23
　　附录2　资格审查条件(业绩最低要求) ··· 24
　　附录3　资格审查条件(信誉最低要求) ··· 25
　　附录4　资格审查条件(项目负责人最低要求) ·· 26
　　附录5　资格审查条件(分项负责人最低要求) ·· 27
1. 总则 ··· 28
　1.1　项目概况 ··· 28
　1.2　招标项目的资金来源和落实情况 ··· 28

1.3　招标范围、勘察设计服务期限、质量要求和安全目标 …………………… 28
　　1.4　投标人资格要求(适用于已进行资格预审的) …………………………… 28
　　1.4　投标人资格要求(适用于未进行资格预审的) …………………………… 28
　　1.5　费用承担 ………………………………………………………………………… 30
　　1.6　保密 ……………………………………………………………………………… 30
　　1.7　语言文字 ………………………………………………………………………… 30
　　1.8　计量单位 ………………………………………………………………………… 30
　　1.9　踏勘现场 ………………………………………………………………………… 30
　　1.10　投标预备会 …………………………………………………………………… 30
　　1.11　分包 …………………………………………………………………………… 30
　　1.12　响应和偏差 …………………………………………………………………… 31
2. 招标文件 ………………………………………………………………………………… 31
　　2.1　招标文件的组成 ………………………………………………………………… 31
　　2.2　招标文件的澄清 ………………………………………………………………… 32
　　2.3　招标文件的修改 ………………………………………………………………… 32
　　2.4　招标文件的异议 ………………………………………………………………… 32
3. 投标文件 ………………………………………………………………………………… 33
　　3.1　投标文件的组成 ………………………………………………………………… 33
　　3.2　投标报价 ………………………………………………………………………… 33
　　3.3　投标有效期 ……………………………………………………………………… 34
　　3.4　投标保证金 ……………………………………………………………………… 34
　　3.5　资格审查资料(适用于已进行资格预审的) …………………………………… 35
　　3.5　资格审查资料(适用于未进行资格预审的) …………………………………… 35
　　3.6　备选投标方案 …………………………………………………………………… 37
　　3.7　投标文件的编制 ………………………………………………………………… 37
4. 投标 ……………………………………………………………………………………… 38
　　4.1　投标文件的密封和标识 ………………………………………………………… 38
　　4.2　投标文件的递交 ………………………………………………………………… 38
　　4.3　投标文件的修改与撤回 ………………………………………………………… 38
5. 开标 ……………………………………………………………………………………… 39
　　5.1　开标时间和地点 ………………………………………………………………… 39
　　5.2　开标程序 ………………………………………………………………………… 39
　　5.3　开标异议 ………………………………………………………………………… 40
6. 评标 ……………………………………………………………………………………… 40
　　6.1　评标委员会 ……………………………………………………………………… 40
　　6.2　评标原则 ………………………………………………………………………… 41
　　6.3　评标 ……………………………………………………………………………… 41
7. 合同授予 ………………………………………………………………………………… 41

目　录

  7.1　中标候选人公示 ……………………………………………………… 41
  7.2　评标结果异议 ………………………………………………………… 41
  7.3　中标候选人履约能力审查 …………………………………………… 42
  7.4　定标 …………………………………………………………………… 42
  7.5　中标通知 ……………………………………………………………… 42
  7.6　中标结果公告 ………………………………………………………… 42
  7.7　技术成果经济补偿 …………………………………………………… 42
  7.8　履约保证金 …………………………………………………………… 42
  7.9　签订合同 ……………………………………………………………… 42
 8. 纪律和监督 …………………………………………………………………… 43
  8.1　对招标人的纪律要求 ………………………………………………… 43
  8.2　对投标人的纪律要求 ………………………………………………… 43
  8.3　对评标委员会成员的纪律要求 ……………………………………… 43
  8.4　对与评标活动有关的工作人员的纪律要求 ………………………… 44
  8.5　投诉 …………………………………………………………………… 44
 9. 是否采用电子招标投标 ……………………………………………………… 44
 10. 需要补充的其他内容 ……………………………………………………… 44
 附件一　开标记录表 …………………………………………………………… 45
 附件二　问题澄清通知 ………………………………………………………… 47
 附件三　问题的澄清 …………………………………………………………… 48
 附件四　中标通知书 …………………………………………………………… 49
 附件五　中标结果通知书 ……………………………………………………… 50
 附件六　确认通知 ……………………………………………………………… 51

第三章　评标办法（综合评估法） ………………………………………… 55
 评标办法前附表 ………………………………………………………………… 55
 1. 评标方法 ……………………………………………………………………… 62
 2. 评审标准 ……………………………………………………………………… 62
  2.1　初步评审标准 ………………………………………………………… 62
  2.2　分值构成与评分标准 ………………………………………………… 62
 3. 评标程序 ……………………………………………………………………… 63
  3.1　第一个信封初步评审 ………………………………………………… 63
  3.2　第一个信封详细评审 ………………………………………………… 63
  3.3　第二个信封开标 ……………………………………………………… 63
  3.4　第二个信封初步评审 ………………………………………………… 63
  3.5　第二个信封详细评审 ………………………………………………… 64
  3.6　投标文件相关信息的核查 …………………………………………… 64
  3.7　投标文件的澄清和说明 ……………………………………………… 65
  3.8　不得否决投标的情形 ………………………………………………… 65

3.9 评标结果	66
第四章 合同条款及格式	67
第一节 通用合同条款	69
1. 一般约定	70
2. 发包人义务	74
3. 发包人管理	75
4. 设计人义务	76
5. 勘察设计要求	80
6. 开始勘察设计和完成勘察设计	85
7. 暂停勘察设计	87
8. 勘察设计文件	88
9. 勘察设计责任与保险	89
10. 招标和施工期间配合	90
11. 合同变更	91
12. 合同价格与支付	92
13. 不可抗力	94
14. 违约	94
15. 争议的解决	96
第二节 专用合同条款	97
第三节 合同附件格式	103
附件一 合同协议书	104
附件二 廉政合同	106
附件三 分项负责人最低要求	108
附件四 履约保证金格式	109

第 二 卷

第五章 发包人要求	113

第 三 卷

第六章 投标文件格式	123
投标文件(商务文件)	125
目录	127
一、投标函	129
二、授权委托书或法定代表人身份证明	131
（一）授权委托书	131
（二）法定代表人身份证明	132

目 录

三、联合体协议书 133
四、投标保证金 134
五、拟分包项目情况表 135
六、资格审查资料（适用于已进行资格预审的） 136
六、资格审查资料（适用于未进行资格预审的） 137
　（一）投标人基本情况表 137
　（二）投标人企业组织机构框图 138
　（三）近年完成的类似项目情况表 139
　（四）投标人的信誉情况表 140
　（五）拟委任的项目负责人资历表 141
　（六）拟委任的分项负责人汇总表 142
　（七）拟委任的分项负责人资历表 143
七、其他资料 144
投标文件（技术文件） 145
八、技术建议书 147
投标文件（报价文件） 149
　目录 151
一、投标函 153
二、勘察设计费用清单 154
　（一）报价清单说明 154
　（二）公路工程勘察工作报价清单表 155
　（三）公路工程设计工作报价清单表 157
　（四）报价清单汇总表 160
附录　采用电子招标投标条款示例 161

第 一 卷

第一章 招标公告/投标邀请书

第一章 招标公告(未进行资格预审)[①]

_____(项目名称)_____标段勘察设计招标公告[②]

1. 招标条件

本招标项目_____(项目名称)已由_____(项目审批、核准或备案机关名称)以_____(批文名称及编号)批准建设,项目业主为_____,建设资金来自_____(资金来源),出资比例为_____,招标人为_____。项目已具备招标条件,现对该项目的勘察设计进行公开招标。

2. 项目概况与招标范围

_____(说明本次招标项目的建设地点、规模、勘察设计服务期限、招标范围、标段划分等)。

3. 投标人资格要求

3.1 本次招标要求投标人须具备_____资质、_____业绩,并在人员等方面具有相应的勘察设计能力。

投标人应进入交通运输部"全国公路建设市场信用信息管理系统(http://glxy.mot.gov.cn)"中的公路工程设计资质企业名录,且投标人名称和资质与该名录中的相应企业名称和资质完全一致。[③]

3.2 本次招标_____(接受或不接受)联合体投标。联合体投标的,应满足下列要求:_____。

[①] 招标人可根据项目具体特点和实际需要对本章内容进行补充、细化,但应遵守《中华人民共和国招标投标法》第十六条和《招标公告和公示信息发布管理办法》等有关法律法规的规定。

[②] 招标人应自招标文件开始发售之日起,将招标文件的关键内容上传至具有招标监督职责的交通运输主管部门政府网站或其指定的其他网站上进行公开,公开内容包括项目概况、对投标人的全部资格条件要求、评标办法全文、招标人联系方式等。招标人可将招标文件的关键内容全部载明在招标公告正文中,或作为招标公告的附件进行公开,或作为独立文件在网站上进行公开。

[③] 本段规定仅适用于根据《关于发布公路工程从业企业资质名录的通知》(厅公路字〔2011〕114号)要求,招标人应通过名录对投标人资质条件进行审核的公路工程设计企业。

3.3 每个投标人最多可对_____（具体数量）个标段投标；被_____交通运输主管部门评为_____信用等级的投标人，最多可对_____（具体数量）个标段投标。[1] 每个投标人允许中____个标。对投标人信用等级的认定条件为：_____。

3.4 与招标人存在利害关系可能影响招标公正性的单位，不得参加投标。单位负责人为同一人或存在控股、管理关系的不同单位，不得参加同一标段投标，否则，相关投标均无效。

3.5 在"信用中国"网站（http://www.creditchina.gov.cn/）中被列入失信被执行人名单的投标人，不得参加投标。

4. 技术成果经济补偿[2]

本次招标对未中标人投标文件中的技术成果_____（给予或不给予）经济补偿。给予经济补偿的，招标人将按如下标准支付经济补偿费：_____。

5. 招标文件的获取

5.1 凡有意参加投标者，请于____年__月__日至____年__月__日[3]，每日上午____时____分至____时____分，下午____时____分至____时____分（北京时间，下同），在_____（详细地址）持单位介绍信和经办人身份证购买招标文件。参加多个标段投标的投标人必须分别购买相应标段的招标文件，并对每个标段单独递交投标文件。

5.2 招标文件每套售价_____元，售后不退[4]。

6. 投标文件的递交及相关事宜

6.1 招标人将于下列时间和地点组织进行工程现场踏勘并召开投标预备会。
踏勘现场时间：____年__月__日__时__分，集中地点：_____；
投标预备会时间：____年__月__日__时__分，地点：_____。
6.2 投标文件递交的截止时间（投标截止时间，下同）为____年__月__日____时____分[5]，投标人应于当日____时____分至____时____分将投标文件递交至_____（详细地址）。

---

[1] 招标人可根据招标项目所在地省级交通运输主管部门的有关规定，对信用等级高的投标人，给予增加参与投标标段数量的优惠。
[2] 本条款一般适用于方案设计招标。
[3] 招标文件（未进行资格预审）的发售时间不得少于5日。
[4] 招标文件中提到的货币单位除有特别说明外，均指人民币元。每套招标文件售价只计工本费，最高不超过1000元。
[5] 依法必须进行招标的公路工程，自招标文件开始发售之日起至投标人递交投标文件截止之日止，不得少于20日。

6.3 逾期送达的、未送达指定地点的或不按照招标文件要求密封的投标文件,招标人将予以拒收。

7. 发布公告的媒介

本次招标公告同时在_____(发布公告的媒介名称)上发布。

8. 联系方式

招 标 人:_____　　　　招标代理机构:_____
地　　址:_____　　　　地　　　　址:_____
邮政编码:_____　　　　邮　政　编　码:_____
联 系 人:_____　　　　联　　系　　人:_____
电　　话:_____　　　　电　　　　话:_____
传　　真:_____　　　　传　　　　真:_____
电子邮件:_____　　　　电　子　邮　件:_____
网　　址:_____　　　　网　　　　址:_____
开户银行:_____　　　　开　户　银　行:_____
账　　号:_____　　　　账　　　　号:_____

_____年___月___日

第一章　投标邀请书(适用于邀请招标)①

_____(项目名称)_____标段勘察设计投标邀请书②

_____(被邀请单位名称):

1. 招标条件

本招标项目_____(项目名称)已由_____(项目审批、核准或备案机关名称)以_____(批文名称及编号)批准建设,项目业主为_____,建设资金来自_____(资金来源),出资比例为_____,招标人为_____。项目已具备招标条件,现邀请你单位参加_____(项目名称)_____标段勘察设计投标。

2. 项目概况与招标范围

_____(说明本次招标项目的建设地点、规模、勘察设计服务期限、招标范围、标段划分等)。

3. 投标人资格要求

3.1　本次招标要求投标人须具备_____资质、_____业绩,并在人员等方面具有承担本标段勘察设计的能力。

投标人应进入交通运输部"全国公路建设市场信用信息管理系统(http://glxy.mot.gov.cn)"中的公路工程设计资质企业名录,且投标人名称和资质与该名录中的相应企业名称和资质完全一致。③

3.2　本次招标_____(接受或不接受)联合体投标。联合体投标的,应满足下列

---

① 招标人可根据项目具体特点和实际需要对本章内容进行补充、细化,但应遵守《中华人民共和国招标投标法》等有关法律法规的规定。
② 招标人应自招标文件开始发售之日起,将招标文件的关键内容上传至具有招标监督职责的交通运输主管部门政府网站或其指定的其他网站上进行公开,公开内容包括项目概况、对投标人的全部资格条件要求、评标办法全文、招标人联系方式等。
③ 本段规定仅适用于根据《关于发布公路工程从业企业资质名录的通知》(厅公路字〔2011〕114号)要求,招标人应通过名录对投标人资质条件进行审核的公路工程设计企业。

要求：_____。

4. 技术成果经济补偿[①]

本次招标对未中标人投标文件中的技术成果_____（给予或不给予）经济补偿。给予经济补偿的，招标人将按如下标准支付经济补偿费：_____。

5. 招标文件的获取

5.1 请于____年__月__日至____年__月__日，每日上午__时__分至__时__分，下午__时__分至__时__分（北京时间，下同），在_____（详细地址）持本邀请书和单位介绍信、经办人身份证购买招标文件。

5.2 招标文件每套售价_____元，售后不退[②]。

6. 投标文件的递交及相关事宜

6.1 招标人将于下列时间和地点组织进行工程现场踏勘并召开投标预备会。
踏勘现场时间：____年__月__日__时__分，集中地点：_____；
投标预备会时间：____年__月__日__时__分，地点：_____。

6.2 投标文件递交的截止时间（投标截止时间，下同）为____年__月__日__时__分[③]，投标人应于当日__时__分至__时__分将投标文件递交至_____（详细地址）。

6.3 逾期送达的、未送达指定地点的或不按照招标文件要求密封的投标文件，招标人将予以拒收。

7. 确认

你单位收到本邀请书后，请于____年__月__日__时__分前，以书面形式确认是否参加投标。在本邀请书规定的时间内未表示是否参加投标或明确表示不参加投标的，不得再参加投标。

8. 联系方式

招 标 人：_____ 招标代理机构：_____

---

① 本条款一般适用于方案设计招标。
② 每套招标文件售价只计工本费，最高不超过1000元。
③ 依法必须进行招标的公路工程，自招标文件开始发售之日起至投标人递交投标文件截止之日止，不得少于20日。

地　　址：_____	地　　址：_____
邮政编码：_____	邮政编码：_____
联 系 人：_____	联 系 人：_____
电　　话：_____	电　　话：_____
传　　真：_____	传　　真：_____
电子邮件：_____	电子邮件：_____
网　　址：_____	网　　址：_____
开户银行：_____	开户银行：_____
账　　号：_____	账　　号：_____

_____年___月___日

附件　确认通知

确 认 通 知

_____（招标人名称）：

  我方已于_____年___月___日收到你方_____年___月___日发出的_____（项目名称）____标段勘察设计招标的投标邀请书,并确认_____（参加/不参加）投标。

  特此确认。

被邀请单位名称：_____（盖单位章）

_____年___月___日

第一章　投标邀请书（代资格预审通过通知书）[①]

_____（项目名称）_____标段勘察设计投标邀请书[②]

_____（被邀请单位名称）：

你单位已通过资格预审，现邀请你单位按招标文件规定的内容，参加_____（项目名称）____标段勘察设计投标。

请你单位于____年___月___日至____年___月___日，每日上午___时___分至___时___分，下午___时___分至___时___分（北京时间，下同），在_____（详细地址）持本邀请书、单位介绍信及经办人身份证购买招标文件。

招标文件每套售价_____元，售后不退[③]。

招标人将于下列时间和地点组织进行工程现场踏勘并召开投标预备会。

踏勘现场时间：____年___月___日___时___分，集中地点：_____；

投标预备会时间：____年___月___日___时___分，地点：_____。

投标文件递交的截止时间（投标截止时间，下同）为____年___月___日___时___分[④]，投标人应于当日___时___分至___时___分将投标文件递交至_____（详细地址）。

逾期送达的、未送达指定地点的或不按照招标文件要求密封的投标文件，招标人将予以拒收。

你单位收到本邀请书后，请于____年___月___日___时___分前，以书面形式确认是否参加投标。在本邀请书规定的时间内未表示是否参加投标或明确表示不参加投标的，不得再参加投标。

[①] 招标人可根据项目具体特点和实际需要对本章内容进行补充、细化，但应遵守《中华人民共和国招标投标法》等有关法律法规的规定。
[②] 招标人应自招标文件开始发售之日起，将招标文件的关键内容上传至具有招标监督职责的交通运输主管部门政府网站或其指定的其他网站上进行公开，公开内容包括项目概况、对投标人的全部资格条件要求、评标办法全文、招标人联系方式等。
[③] 每套招标文件售价只计工本费，最高不超过1000元。
[④] 依法必须进行招标的公路工程，自招标文件开始发售之日起至投标人递交投标文件截止之日止，不得少于20日。

第一章 投标邀请书（代资格预审通过通知书）

招 标 人：_____	招标代理机构：_____
地　　址：_____	地　　址：_____
邮政编码：_____	邮政编码：_____
联 系 人：_____	联 系 人：_____
电　　话：_____	电　　话：_____
传　　真：_____	传　　真：_____
电子邮件：_____	电子邮件：_____
网　　址：_____	网　　址：_____
开户银行：_____	开户银行：_____
账　　号：_____	账　　号：_____

_____年 ___月 ___日

附件　确认通知

确 认 通 知

_____（招标人名称）：

我方已于_____年____月____日收到你方_____年____月____日发出的_____（项目名称）____标段勘察设计招标的投标邀请书,并确认_____（参加/不参加）投标。

特此确认。

被邀请单位名称：_____（盖单位章）

_____年____月____日

第二章 投标人须知

第二章　投标人须知

投标人须知前附表[①]

条款号	条款名称	编列内容
1.1.2	招标人	名　称： 地　址： 联系人： 电　话：
1.1.3	招标代理机构	名　称： 地　址： 联系人： 电　话：
1.1.4	招标项目名称	
1.1.5	标段建设地点	
1.1.6	标段建设规模	
1.1.7	标段投资估算	
1.2.1	资金来源及比例	
1.2.2	资金落实情况	
1.3.1	招标范围	□初勘、初测 □详勘、定测 □初步设计 □技术设计 □施工图设计 □其他：____
1.3.2	勘察设计服务期限	
1.3.3	质量要求[②]	
1.3.4	安全目标[③]	
1.4.1[④]	投标人资质条件、能力和信誉	资质要求：见附录1 业绩要求：见附录2 信誉要求：见附录3 项目负责人资格：见附录4 其他要求：[⑤]

[①] a."投标人须知前附表"用于进一步明确正文中的未尽事宜,由招标人根据招标项目具体特点和实际需要编制和填写,且应与招标文件中其他章节相衔接,并不得与本章正文内容相抵触。
b."投标人须知前附表"中的附录表格同属"投标人须知前附表"内容,具有同等效力。
[②] 招标人应根据招标项目具体特点和实际需要,对工程勘察设计服务质量提出目标要求。
[③] 招标人应根据招标项目具体特点和实际需要,对工程勘察设计过程中的人员安全提出目标要求。
[④] 本项适用于未进行资格预审的情况。
[⑤] 对于特别复杂的特大桥梁和特长隧道项目主体工程以及其他有特殊要求的工程,招标人还可增加附录5对投标人的各专业分项负责人提出要求。

续上表

条款号	条款名称	编列内容
1.4.2①	是否接受联合体投标	□不接受 □接受,应满足下列要求: (1)联合体所有成员数量不得超过____家; (2)联合体牵头人应具有_____资质; ……
1.4.3	投标人不得存在的其他关联情形	
1.4.4	投标人不得存在的其他不良状况或不良信用记录	
1.10.2	投标人在投标预备会前提出问题	时间: 形式:
1.11.1	分包	□不允许 □允许,允许分包的工程(或不允许分包的工程):_____ 对分包人的资格要求:_____
2.1	构成招标文件的其他资料	
2.2.1	投标人要求澄清招标文件	时间:____年____月____日____时____分 形式:
2.2.2	招标文件澄清发出的形式	
2.2.3	投标人确认收到招标文件澄清	时间:收到澄清后____小时内(以发出时间为准) 形式:
2.3.1	招标文件修改发出的形式	
2.3.2	投标人确认收到招标文件修改	时间:收到修改后____小时内(以发出时间为准) 形式:
3.1.1	构成投标文件的其他资料	
3.2.1	增值税税金的计算方法	
3.2.3	报价方式	□总价 □单价
3.2.4	最高投标限价	□无 □有,最高投标限价____元(其中含暂列金额____元)

---

① 本项适用于未进行资格预审的情况。

第二章 投标人须知

续上表

条款号	条 款 名 称	编 列 内 容
3.2.5	投标报价的其他要求	
3.3.1	投标有效期	自投标人提交投标文件截止之日起计算____日
3.4.1	投标保证金	是否要求投标人递交投标保证金： □要求,投标保证金的金额：_____① 　　投标保证金可采用的其他形式：_____② 招标人指定的开户银行及账号如下： 账户名称：_____ 开户银行：_____ 账　　号：_____ 采用银行保函时,出具保函的银行级别：_____ □不要求
3.4.3	投标保证金的利息计算原则	(1)计算利息的起始日期为投标截止当日,终止日期为招标人退还投标保证金日期的前一日； (2)投标保证金的利息按照第(1)款所述计息时间段内招标人指定汇入银行公告的活期存款利率计付,并扣除招标人汇款手续费； (3)利息金额计算至分位,分以下尾数四舍五入
3.4.4	其他可以不予退还投标保证金的情形	
3.5③	资格审查资料的特殊要求	□无 □有,具体要求：
3.5.2④	近年完成的类似项目情况的时间要求	____年____月____日至____年____月____日
3.6.1	是否允许递交备选投标方案	□不允许 □允许
3.7.4	投标文件副本份数及其他要求	投标文件副本份数： 是否要求提交电子版文件： 其他要求：
3.7.5	装订的其他要求	

---

① 招标人可根据招标项目所在地省级交通运输主管部门的有关规定,对信用等级高的投标人,给予减免投标保证金金额的优惠。
② 招标人不得强制限定投标保证金必须采用现金或支票方式缴纳,不得拒绝银行保函形式的投标保证金。
③ 本项适用于未进行资格预审的情况。
④ 本项适用于未进行资格预审的情况。

续上表

条款号	条款名称	编列内容
4.1.2	封套上应载明的信息	**投标文件第一个信封(商务及技术文件)封套：** 招标人名称：_____ 招标人地址：_____ _____（项目名称）_____标段勘察设计招标第一个信封(商务及技术文件)投标文件 招标项目编号：_____ 在____年____月____日____时____分前不得开启 投标人名称：_____ **投标文件第二个信封(报价文件)封套：** 招标人名称：_____ 招标人地址：_____ _____（项目名称）_____标段勘察设计招标第二个信封(报价文件)投标文件 招标项目编号：_____ 在投标文件第二个信封(报价文件)开标前不得开启 投标人名称：_____ 投标人地址：_____ **银行保函封套：** 招标人名称：_____ 招标人地址：_____ _____（项目名称）_____标段勘察设计招标投标保证金(银行保函原件) 招标项目编号：_____ 投标人名称：_____
4.2.3	是否退还投标文件	□否 □是，退还时间：
5.1	开标时间和地点	投标文件第一个信封(商务及技术文件)开标时间：同投标截止时间 投标文件第一个信封(商务及技术文件)开标地点：同递交投标文件地点 投标文件第二个信封(报价文件)开标时间：_____ 投标文件第二个信封(报价文件)开标地点：_____
5.2.1	第一个信封(商务及技术文件)开标程序	(4)密封情况检查：<u>检查商务及技术文件是否存在提前开启情况</u> (5)开标顺序：_____

第二章 投标人须知

续上表

条款号	条款名称	编列内容
5.2.3	第二个信封（报价文件）开标程序	(4)密封情况检查：<u>检查报价文件是否存在提前开启情况</u> (5)开标顺序：_____
6.1.1	评标委员会的组建①	评标委员会构成：____人，其中招标人代表____人，专家____人； 评标专家确定方式：依法从相应评标专家库中随机抽取
6.3.2	评标委员会推荐中标候选人的人数	
7.1	中标候选人公示媒介及期限	公示媒介： 公示期限：____日 公示的其他内容：_____
7.4	是否授权评标委员会确定中标人	□是 □否
7.5	中标通知书和中标结果通知发出的形式	
7.6	中标结果公告媒介及期限	公告媒介： 公告期限：____日
7.7	技术成果经济补偿	□不补偿 □补偿，补偿标准：
7.8.1	履约保证金	是否要求中标人提交履约保证金： □要求，履约保证金的形式：<u>银行保函或现金、支票形式</u>② 履约保证金的金额：____%签约合同价，被____交通运输主管部门评为____信用等级的中标人，履约保证金金额为____%签约合同价③ 采用银行保函时，出具保函的银行级别：_____ □不要求

---

① 评标委员会应由招标人代表和有关方面的专家组成，人数为5人以上单数，其中技术、经济专家人数应不少于成员总数的三分之二。

② 招标人不得强制限定履约保证金必须采用现金或支票方式缴纳，不得拒绝银行保函形式的履约保证金。

③ 招标人可根据招标项目所在地省级交通运输主管部门的有关规定，对信用等级高的投标人，给予减少履约保证金金额的优惠。

续上表

条款号	条款名称	编列内容
8.5.1	监督部门	监督部门：_____ 地　　址：_____ 电　　话：_____ 传　　真：_____ 邮政编码：_____
9	是否采用电子招标投标	□否 □是，具体要求：
需要补充的其他内容		

附录1 资格审查条件(资质最低要求)[①]

勘察设计企业资质等级要求

[①] 具体资质要求由招标人在满足国家相关法律法规前提下,根据招标项目具体特点和实际情况确定。

附录2 资格审查条件(业绩最低要求)[①]

业 绩 要 求

[①] 具体业绩要求由招标人在满足国家相关法律法规前提下,根据招标项目具体特点和实际情况确定,但不得设置过高的业绩资格条件。

附录3 资格审查条件(信誉最低要求)[①]

信 誉 要 求

[①] 具体信誉要求由招标人在满足国家相关法律法规前提下,根据招标项目具体特点和实际情况确定,但不得与"投标人须知"第1.4.4项规定的内容重复。

附录4 资格审查条件(项目负责人最低要求)[①]

人　员	数　量	资　格　要　求
项目负责人		

[①] 对项目负责人的具体资格要求由招标人在满足国家相关法律法规前提下,根据招标项目具体特点和实际情况确定,但不得设置过高的资格条件。

附录5 资格审查条件(分项负责人最低要求)[1]

人　　员	数　　量	资　格　要　求
工程地质勘察分项负责人		
工程造价分项负责人		
＊＊专业分项负责人		
＊＊专业分项负责人		
……		

---

[1] 本表仅适用于特别复杂的特大桥梁和特长隧道项目主体工程以及其他有特殊要求的工程。对各专业分项负责人的最低要求,由招标人在满足国家相关法律法规前提下,根据招标项目具体特点和实际情况确定,但不得设置过高的资格条件。

1. 总则

1.1 项目概况

1.1.1 根据《中华人民共和国招标投标法》《中华人民共和国招标投标法实施条例》《公路工程建设项目招标投标管理办法》等有关法律、法规和规章的规定,本招标项目已具备招标条件,现对本标段勘察设计进行招标。

1.1.2 本招标项目招标人:见投标人须知前附表。

1.1.3 本标段招标代理机构:见投标人须知前附表。

1.1.4 本招标项目名称:见投标人须知前附表。

1.1.5 本标段建设地点:见投标人须知前附表。

1.1.6 本标段建设规模:见投标人须知前附表。

1.1.7 本标段投资估算:见投标人须知前附表。

1.2 招标项目的资金来源和落实情况

1.2.1 资金来源及比例:见投标人须知前附表。

1.2.2 资金落实情况:见投标人须知前附表。

1.3 招标范围、勘察设计服务期限、质量要求和安全目标

1.3.1 招标范围:见投标人须知前附表。

1.3.2 本标段的勘察设计服务期限:见投标人须知前附表。

1.3.3 本标段的质量要求:见投标人须知前附表。

1.3.4 本标段的安全目标:见投标人须知前附表。

1.4 投标人资格要求(适用于已进行资格预审的)

投标人应是收到招标人发出投标邀请书的单位。

1.4 投标人资格要求(适用于未进行资格预审的)

1.4.1 投标人应具备承担本标段勘察设计的资质条件、能力和信誉。

(1)资质要求:见投标人须知前附表;

(2)业绩要求:见投标人须知前附表;

(3)信誉要求:见投标人须知前附表;

(4)项目负责人资格:见投标人须知前附表;

(5)其他要求:见投标人须知前附表。

需要提交的相关证明材料见本章第3.5款的规定。

1.4.2 投标人须知前附表规定接受联合体投标的,联合体除应符合本章第1.4.1项和投标人须知前附表的要求外,还应遵守以下规定:

(1)联合体各方应按招标文件提供的格式签订联合体协议书,明确联合体牵头人和各方权利义务,并承诺就中标项目向招标人承担连带责任;

(2)由同一专业的单位组成的联合体,按照资质等级较低的单位确定资质等级;

(3)联合体各方不得再以自己名义单独或参加其他联合体在同一标段中投标;

(4)联合体各方应分别按照本招标文件的要求,填写投标文件中的相应表格,并由联合体牵头人负责对联合体各成员的资料进行统一汇总后一并提交给招标人;联合体牵头人所提交的投标文件应认为已代表了联合体各成员的真实情况;

(5)尽管委任了联合体牵头人,但联合体各成员在投标、签订合同与履行合同过程中,仍负有连带的和各自的法律责任。

1.4.3 投标人(包括联合体各成员)不得与本标段相关单位存在下列关联情形:

(1)为招标人不具有独立法人资格的附属机构(单位);

(2)与招标人存在利害关系且可能影响招标公正性;

(3)与本标段的其他投标人同为一个单位负责人;

(4)与本标段的其他投标人存在控股、管理关系;

(5)为本标段的代建人;

(6)为本标段的招标代理机构;

(7)与本标段的代建人或招标代理机构同为一个法定代表人;

(8)与本标段的代建人或招标代理机构存在控股或参股关系;

(9)法律法规或投标人须知前附表规定的其他情形。

1.4.4 投标人(包括联合体各成员)不得存在下列不良状况或不良信用记录:

(1)被省级及以上交通运输主管部门取消招标项目所在地的投标资格且处于有效期内;

(2)被责令停业,暂扣或吊销执照,或吊销资质证书;

(3)进入清算程序,或被宣告破产,或其他丧失履约能力的情形;

(4)在国家企业信用信息公示系统(http://www.gsxt.gov.cn/)中被列入严重违法失信企业名单;

(5)在"信用中国"网站(http://www.creditchina.gov.cn/)中被列入失信被执行人名单;

(6)投标人或其法定代表人、拟委任的项目负责人在近三年内有行贿犯罪行为的(行贿犯罪行为的认定以检察机关职务犯罪预防部门出具的查询结果为准);

(7)法律法规或投标人须知前附表规定的其他情形。

1.4.5 投标人(包括联合体各成员)应进入交通运输部"全国公路建设市场信用信息管理系统(http://glxy.mot.gov.cn)"中的公路工程设计资质企业名录,且投标人名称和资质与该名录中的相应企业名称和资质完全一致。投标人不满足本项规定条件的,将被否决投标。①

1.5 费用承担

投标人准备和参加投标活动发生的费用自理。

1.6 保密

参与招标投标活动的各方应对招标文件和投标文件中的商业和技术等秘密保密，否则应承担相应的法律责任。

1.7 语言文字

招标投标文件使用的语言文字为中文。专用术语使用外文的，应附有中文注释。

1.8 计量单位

所有计量均采用中华人民共和国法定计量单位。

1.9 踏勘现场

1.9.1 第一章"招标公告"或"投标邀请书"规定组织踏勘现场的，招标人按规定的时间、地点组织投标人踏勘项目现场。部分投标人未按时参加踏勘现场的，不影响踏勘现场的正常进行。招标人不得组织单个或部分投标人踏勘项目现场。

1.9.2 投标人踏勘现场发生的费用自理。

1.9.3 除招标人的原因外，投标人自行负责在踏勘现场中所发生的人员伤亡和财产损失。

1.9.4 招标人在踏勘现场中介绍的工程场地和相关的周边环境情况，供投标人在编制投标文件时参考，招标人不对投标人据此作出的判断和决策负责。

1.10 投标预备会

1.10.1 第一章"招标公告"或"投标邀请书"规定召开投标预备会的，招标人按规定的时间和地点召开投标预备会，澄清投标人提出的问题。

1.10.2 投标人应按投标人须知前附表规定的时间和形式将提出的问题送达招标人，以便招标人在会议期间澄清。

1.10.3 投标预备会后，招标人将对投标人所提问题的澄清，以本章第2.2款规定的形式通知所有购买招标文件的投标人。该澄清内容为招标文件的组成部分。

1.11 分包

1.11.1 投标人拟在中标后将中标项目的非主体、非关键性勘察设计工作进行分

---

① 本项规定仅适用于根据《关于发布公路工程从业企业资质名录的通知》（厅公路字〔2011〕114号）要求，招标人应通过名录对投标人资质条件进行审核的公路工程设计企业。

包的,应符合以下规定:

(1)分包内容要求:允许分包的范围仅限于工程设计中跨专业或有特殊要求的勘察、设计工作。招标人允许分包或不允许分包的工程(如有)应在投标人须知前附表中载明。

(2)接受分包的第三人资格要求:分包人的资格能力应与其分包工程的标准和规模相适应,且具备投标人须知前附表中规定的资格条件。

(3)其他要求:投标人如有分包计划,应按第六章"投标文件格式"的要求填写"拟分包项目情况表",明确拟分包的工程及规模,且投标人中标后的分包应满足合同条款第4.3款的相关要求。

1.11.2 中标人不得向他人转让中标项目,接受分包的人不得再次分包。中标人应就分包项目向招标人负责,接受分包的人就分包项目承担连带责任。

1.12 响应和偏差

1.12.1 投标文件偏离招标文件某些要求,视为投标文件存在偏差。偏差包括重大偏差和细微偏差。

1.12.2 投标文件应对招标文件的实质性要求和条件作出满足性或更有利于招标人的响应,否则,视为投标文件存在重大偏差,投标人的投标将被否决。

投标文件存在第三章"评标办法"中所列任一否决投标情形的,均属于存在重大偏差。

1.12.3 投标文件中的下列偏差为细微偏差:

(1)在按照第三章"评标办法"的规定对投标价进行算术性错误修正后,最终投标报价未超过最高投标限价(如有)的情况下,出现第三章"评标办法"规定的算术性错误;

(2)技术建议书不够完善;

(3)投标文件页码不连续、采用活页夹装订、个别文字有遗漏错误等不影响投标文件实质性内容的偏差。

1.12.4 评标委员会对投标文件中的细微偏差按如下规定处理:

(1)对于本章第1.12.3项(1)目所述的细微偏差,按照第三章"评标办法"的规定予以修正并要求投标人进行澄清;

(2)对于本章第1.12.3项(2)、(3)目所述的细微偏差,可在相关评分因素的评分中酌情扣分。

1.12.5 投标人应根据招标文件的要求提供技术建议书等内容以对招标文件作出响应。

2. 招标文件

2.1 招标文件的组成

本招标文件包括:

(1)招标公告(或投标邀请书);

(2)投标人须知;

(3)评标办法;

(4)合同条款及格式;

(5)发包人要求;

(6)投标文件格式;

(7)投标人须知前附表规定的其他资料。

根据本章第1.10款、第2.2款和第2.3款对招标文件所作的澄清、修改,构成招标文件的组成部分。

当招标文件、招标文件的澄清或修改等在同一内容的表述上不一致时,以最后发出的书面文件为准。

2.2 招标文件的澄清

2.2.1 投标人应仔细阅读和检查招标文件的全部内容。如发现缺页或附件不全,应及时向招标人提出,以便补齐。如有疑问,应按投标人须知前附表规定的时间和形式将提出的问题送达招标人,要求招标人对招标文件予以澄清。

2.2.2 招标文件的澄清以投标人须知前附表规定的形式发给所有购买招标文件的投标人,但不指明澄清问题的来源。澄清发出的时间距本章第4.2.1项规定的投标截止时间不足15日,且澄清内容可能影响投标文件编制的,将相应延长投标截止时间。

2.2.3 投标人在收到澄清后,应按投标人须知前附表规定的时间和形式通知招标人,确认已收到该澄清。

2.2.4 除非招标人认为确有必要答复,否则,招标人有权拒绝回复投标人在本章第2.2.1项规定的时间后提出的任何澄清要求。

2.3 招标文件的修改

2.3.1 招标人以投标人须知前附表规定的形式修改招标文件,并通知所有已购买招标文件的投标人。修改招标文件的时间距本章第4.2.1项规定的投标截止时间不足15日,且修改内容可能影响投标文件编制的,将相应延长投标截止时间。

2.3.2 投标人收到修改内容后,应按投标人须知前附表规定的时间和形式通知招标人,确认已收到该修改。

2.4 招标文件的异议

投标人或其他利害关系人对招标文件有异议的,应在投标截止时间10日前以书面形式提出。招标人将在收到异议之日起3日内作出答复;作出答复前,将暂停招标投标活动。

3. 投标文件

3.1 投标文件的组成

3.1.1 投标文件应采用双信封形式,包括下列内容:

第一个信封(商务及技术文件):

(1)投标函;

(2)授权委托书或法定代表人身份证明;

(3)联合体协议书;

(4)投标保证金;

(5)拟分包项目情况表;

(6)资格审查资料;

(7)技术建议书;

(8)投标人须知前附表规定的其他资料。

第二个信封(报价文件):

(1)投标函;

(2)勘察设计费用清单。

投标人在评标过程中作出的符合法律法规和招标文件规定的澄清确认,构成投标文件的组成部分。

3.1.2 投标人须知前附表规定不接受联合体投标的,或投标人没有组成联合体的,投标文件不包括本章第3.1.1(3)目所指的联合体协议书。

3.1.3 投标人须知前附表未要求提交投标保证金的,投标文件不包括本章第3.1.1(4)目所指的投标保证金。

3.2 投标报价

3.2.1 投标报价应包括国家规定的增值税税金,除投标人须知前附表另有规定外,增值税税金按一般计税方法计算。投标人应按第六章"投标文件格式"的要求在投标函中进行报价并填写勘察设计费用清单相应表格。

3.2.2 投标人应充分了解本项目的总体情况以及影响投标报价的其他要素,按照招标文件规定的勘察设计工作内容和计划工作量,自行测算勘察设计费用。

3.2.3 本项目的报价方式见投标人须知前附表。投标人在投标截止时间前修改投标函中的投标报价总额,应同时修改投标文件"勘察设计费用清单"中的相应报价。此修改须符合本章第4.3款的有关要求。

3.2.4 招标人设有最高投标限价的,投标人的投标报价不得超过最高投标限价,最高投标限价在投标人须知前附表中载明。

3.2.5 投标报价的其他要求见投标人须知前附表。

3.3 投标有效期

3.3.1 除投标人须知前附表另有规定外,投标有效期为90日。

3.3.2 在投标有效期内,投标人撤销投标文件的,应承担招标文件和法律规定的责任。

3.3.3 出现特殊情况需要延长投标有效期的,招标人以书面形式通知所有投标人延长投标有效期。投标人应予以书面答复,同意延长的,应相应延长其投标保证金的有效期,但不得要求或被允许修改其投标文件;投标人拒绝延长的,其投标失效,但投标人有权收回其投标保证金及以现金或支票形式递交的投标保证金的银行同期活期存款利息。

3.4 投标保证金

3.4.1 投标人在递交投标文件的同时,应按投标人须知前附表规定的金额[①]和第六章"投标文件格式"规定的投标保证金格式递交投标保证金,并作为其投标文件的组成部分。联合体投标的,其投标保证金由牵头人递交,并应符合投标人须知前附表的规定。

投标保证金应采用现金、支票、银行保函或招标人在投标人须知前附表规定的其他形式。

(1)若采用现金或支票,投标人应在递交投标文件截止时间之前,将投标保证金由投标人的基本账户转入招标人指定账户,否则视为投标保证金无效。招标人指定的开户银行及账号见投标人须知前附表。

(2)若采用银行保函,则应由符合投标人须知前附表规定级别的银行开具,并采用招标文件提供的格式。银行保函复印件装订在投标文件内,原件应在递交投标文件截止时间之前单独密封递交给招标人。

无论采取何种形式的投标保证金,投标保证金有效期均应与投标有效期一致。招标人如果按本章第3.3.3项的规定延长了投标有效期,则投标保证金的有效期也相应延长。

3.4.2 投标人不按本章第3.4.1项要求提交投标保证金的,评标委员会将否决其投标。

3.4.3 招标人最迟将在中标通知书发出后5日内向中标候选人以外的其他投标人退还投标保证金,与中标人签订合同后5日内向中标人和其他中标候选人退还投标保证金。投标保证金以现金或支票形式递交的,招标人应同时退还投标保证金的银行同期活期存款利息,且退还至投标人的基本账户。

利息计算原则见投标人须知前附表。

3.4.4 有下列情形之一的,投标保证金将不予退还:

(1)投标人在投标有效期内撤销投标文件;

(2)中标人在收到中标通知书后,无正当理由不与招标人订立合同,在签订合同时

---

① 投标保证金不得超过招标标段估算价的2%,招标人应据此测算出具体金额。

向招标人提出附加条件,或不按照招标文件要求提交履约保证金;

（3）发生投标人须知前附表规定的其他可以不予退还投标保证金的情形。

3.5 资格审查资料（适用于已进行资格预审的）

3.5.1 投标人在递交投标文件前,发生可能影响其投标资格的新情况的,应在投标文件中更新或补充其在申请资格预审时提供的资料,以证实其各项资格条件仍能继续满足资格预审文件的要求。

3.5.2 如果投标人在投标阶段发生合并、分立、破产等重大变化,或发生重大安全或质量事故,或由于其他任何情况,导致投标人不再具备资格预审文件规定的各项资格条件或其投标影响招标公正性时,投标人必须在其投标文件中对上述情况进行如实说明,否则,招标人一经查实,将视为投标人弄虚作假,其投标将被否决。

3.5.3 招标人有权核查投标人在资格预审申请文件和投标文件中提供的资料,若在评标期间发现投标人提供了虚假资料,其投标将被否决;若在签订合同前发现作为中标候选人的投标人提供了虚假资料,招标人有权取消其中标资格;若在合同实施期间发现投标人提供了虚假资料,招标人有权从合同价款或履约保证金中扣除不超过5%签约合同价的金额作为违约金。同时招标人将投标人上述弄虚作假行为上报省级交通运输主管部门,作为不良记录纳入公路建设市场信用信息管理系统。

3.5 资格审查资料（适用于未进行资格预审的）

除投标人须知前附表另有规定外,投标人应按下列规定提供资格审查资料,以证明其满足本章第1.4款规定的资质、业绩、信誉等要求。

3.5.1 "投标人基本情况表"应附企业法人营业执照副本和组织机构代码证副本（按照"三证合一"或"五证合一"登记制度进行登记的,可仅提供营业执照副本,下同）、勘察资质证书副本、设计资质证书副本、基本账户开户许可证的复印件[①],投标人在交通运输部"全国公路建设市场信用信息管理系统"公路工程设计资质企业名录中的网页截图复印件,以及投标人在国家企业信用信息公示系统中基础信息（体现股东及出资详细信息）的网页截图或由法定的社会验资机构出具的验资报告或注册地工商部门出具的股东出资情况证明复印件。

企业法人营业执照副本和组织机构代码证副本、勘察资质证书副本、设计资质证书副本、基本账户开户许可证的复印件应提供全本（证书封面、封底、空白页除外）,应包括投标人名称、投标人其他相关信息、颁发机构名称、投标人信息变更情况等关键页在内,并逐页加盖投标人单位章。

3.5.2 "近年完成的类似项目"应是已列入交通运输主管部门"公路建设市场信用信息管理系统"并公开的"初步设计已批复或施工图设计已批复"的主包业绩或分包业

[①] 招标文件中要求投标人提供的各类证照复印件均指彩色扫描件或彩色复印件,其他资料的复印件可为黑白扫描件或黑白复印件。

绩,具体时间要求见投标人须知前附表。

"近年完成的类似项目情况表"应附在交通运输部"全国公路建设市场信用信息管理系统"(网址:http://glxy.mot.gov.cn/BM/)中查询到的企业"业绩信息"相关项目网页截图复印件,即包括"工程名称""项目类型""合同价""技术等级""主要设计内容""人员履约信息"等栏目在内的项目详细信息网页截图复印件。在交通运输部"全国公路建设市场信用信息管理系统"中无法查询,但可在省级交通运输主管部门"公路建设市场信用信息管理系统"中查询的,应附省级交通运输主管部门"公路建设市场信用信息管理系统"中查询到的网页截图复印件并注明查询路径。除网页截图复印件外,投标人无须再提供任何业绩证明材料。

如投标人未提供相关项目网页截图复印件或相关项目网页截图中的信息无法证实投标人满足招标文件规定的资格审查条件(业绩最低要求),则该项目业绩不予认定。

3.5.3 "投标人的信誉情况表"应附投标人在国家企业信用信息公示系统中未被列入严重违法失信企业名单、在"信用中国"网站中未被列入失信被执行人名单的网页截图复印件,以及由项目所在地或投标人住所地检察机关职务犯罪预防部门出具的近三年内投标人及其法定代表人、拟委任的项目负责人均无行贿犯罪行为的查询记录证明原件。

3.5.4 "拟委任的项目负责人资历表"应附项目负责人的身份证、职称资格证书和资格审查条件所要求的其他相关证书的复印件,以及投标人所属社保机构出具的拟委任的项目负责人的社保缴费证明或其他能够证明拟委任的项目负责人参加社保的有效证明材料复印件。

"拟委任的项目负责人资历表"还应附交通运输部"全国公路建设市场信用信息管理系统"中载明的、能够证明项目负责人具有相关业绩的网页截图复印件。在交通运输部"全国公路建设市场信用信息管理系统"中无法查询,但可在省级交通运输主管部门"公路建设市场信用信息管理系统"中查询的,应附省级交通运输主管部门"公路建设市场信用信息管理系统"中查询到的网页截图复印件并注明查询路径。除网页截图复印件外,投标人无须再提供任何业绩证明材料。如投标人未提供相关业绩网页截图复印件或相关业绩网页截图中的信息无法证实投标人满足招标文件规定的资格审查条件(项目负责人最低要求),则该业绩不予认定。

3.5.5 "拟委任的分项负责人汇总表"(如有)应填报满足投标人须知前附表附录5规定的各专业分项负责人的相关信息。"拟委任的分项负责人资历表"(如有)中分项负责人应附身份证、职称资格证书和资格审查条件所要求的其他相关证书的复印件,相关业绩证明材料复印件,以及投标人所属社保机构出具的社保缴费证明或其他能够证明其参加社保的有效证明材料复印件。

3.5.6 投标人须知前附表规定接受联合体投标的,本章第3.5.1项至第3.5.5项规定的表格和资料应包括联合体各方相关情况。

3.5.7 除合同条款约定的特殊情形外,投标人在投标文件中填报的项目负责人不允许更换。

3.5.8 投标人在投标文件中填报的资质、业绩、主要人员资历和目前在岗情况、信用等级等信息,应与其在交通运输主管部门"公路建设市场信用信息管理系统"上填报并发布的相关信息一致。投标人应根据本单位实际情况及时完成相关信息的申报、录入和动态更新,并对相关信息的真实性、完整性和准确性负责。

3.5.9 招标人有权核查投标人在投标文件中提供的资料,若在评标期间发现投标人提供了虚假资料,其投标将被否决;若在签订合同前发现作为中标候选人的投标人提供了虚假资料,招标人有权取消其中标资格;若在合同实施期间发现投标人提供了虚假资料,招标人有权从合同价款或履约保证金中扣除不超过5%签约合同价的金额作为违约金。同时招标人将投标人上述弄虚作假行为上报省级交通运输主管部门,作为不良记录纳入公路建设市场信用信息管理系统。

3.6 备选投标方案

3.6.1 除投标人须知前附表规定允许外,投标人不得递交备选投标方案,否则其投标将被否决。

3.6.2 允许投标人递交备选投标方案的,只有中标人所递交的备选投标方案方可予以考虑。评标委员会认为中标人的备选投标方案优于其按照招标文件要求编制的投标方案的,招标人可以接受该备选投标方案。

3.6.3 投标人提供两个或两个以上投标报价,或在投标文件中提供一个报价,但同时提供两个或两个以上技术建议书的,视为提供备选方案。

3.7 投标文件的编制

3.7.1 投标文件应按第六章"投标文件格式"进行编写,如有必要,可以增加附页,作为投标文件的组成部分。

3.7.2 投标文件应对招标文件有关勘察设计服务期限、投标有效期、质量要求、安全目标、发包人要求、招标范围等实质性内容作出响应。

3.7.3 投标文件应用不褪色的材料书写或打印。投标文件格式中明确要求投标人法定代表人或其委托代理人签字之处,必须由相关人员亲笔签名,不得使用印章、签名章或其他电子制版签名代替;明确要求投标人加盖单位章之处,必须加盖单位章。其中,投标函及对投标文件的澄清和说明应加盖投标人单位章,或由投标人的法定代表人或其委托代理人签字。

如果投标文件由委托代理人签署,则投标人须提交授权委托书,授权委托书应按第六章"投标文件格式"的要求出具,并由法定代表人和委托代理人亲笔签名,不得使用印章、签名章或其他电子制版签名代替。

如果由投标人的法定代表人亲自签署投标文件,则投标人须提交法定代表人身份证明,身份证明应符合第六章"投标文件格式"的要求。

以联合体形式参与投标的,投标文件由联合体牵头人的法定代表人或其委托代理人按上述规定签署并加盖联合体牵头人单位章。法定代表人授权委托书或法定代表人身份证明须由联合体牵头人按上述规定出具。

投标文件应尽量避免涂改、行间插字或删除。如果出现上述情况,改动之处应由投标人的法定代表人或其授权的代理人签字或盖单位章。

3.7.4 投标文件正本一份,副本份数见投标人须知前附表。正本和副本的封面右上角上应清楚地标记"正本"或"副本"字样。投标人应根据投标人须知前附表要求提供电子版文件。当副本和正本不一致或电子版文件和纸质正本文件不一致时,以纸质正本文件为准。

3.7.5 投标文件的正本与副本应分别装订成册(A4纸幅,其中技术建议书采用标准图框A3幅面,单独装订成册),编制目录并逐页标注连续页码。投标文件不得采用活页夹装订,否则,招标人对由于投标文件装订松散而造成的丢失或其他后果不承担任何责任。装订的其他要求见投标人须知前附表。

4. 投标

4.1 投标文件的密封和标识

4.1.1 投标文件应采用双信封形式密封。投标文件第一个信封(商务及技术文件)以及第二个信封(报价文件)应单独密封包装。商务文件、技术文件的正本与副本应统一密封在一个封套中。报价文件的正本与副本以及投标文件电子版文件(如需要)应统一密封在另一个封套中。封套应加贴封条,并在封套的封口处加盖投标人单位章或由投标人的法定代表人或其委托代理人签字。

采用银行保函形式提交投标保证金的,银行保函原件应密封在单独的封套中。

4.1.2 投标文件第一个信封(商务及技术文件)、第二个信封(报价文件)以及银行保函封套上应写明的内容见投标人须知前附表。

4.1.3 未按本章第4.1.1项要求密封的投标文件,招标人将予以拒收。

4.2 投标文件的递交

4.2.1 投标人应在第一章"招标公告"或"投标邀请书"规定的投标截止时间前递交投标文件。

4.2.2 投标人递交投标文件的地点:见第一章"招标公告"或"投标邀请书"。

4.2.3 除投标人须知前附表另有规定外,投标人所递交的投标文件不予退还。投标人少于3个的,投标文件当场退还给投标人。

4.2.4 招标人收到投标文件后,向投标人出具签收凭证。

4.2.5 逾期送达的或未送达指定地点的投标文件,招标人将予以拒收。

4.3 投标文件的修改与撤回

4.3.1 在本章第4.2.1项规定的投标截止时间前,投标人可以修改或撤回已递交的投标文件,但应以书面形式通知招标人。

4.3.2 投标人修改或撤回已递交投标文件的书面通知应按照本章第3.7.3项的要求签字或盖章。招标人收到书面通知后,向投标人出具签收凭证。

4.3.3 投标人撤回投标文件的,招标人自收到投标人书面撤回通知之日起5日内退还已收取的投标保证金。

4.3.4 修改的内容为投标文件的组成部分。修改的投标文件应按照本章第3条、第4条的规定进行编制、密封、标记和递交,并标明"修改"字样。

5. 开标

5.1 开标时间和地点

招标人在本章第4.2.1项规定的投标截止时间(开标时间)和投标人须知前附表规定的地点对收到的投标文件第一个信封(商务及技术文件)公开开标,并邀请所有投标人的法定代表人或其委托代理人准时参加。

招标人在投标人须知前附表规定的时间和地点对投标文件第二个信封(报价文件)公开开标,并邀请所有投标人的法定代表人或其委托代理人准时参加。

投标人若未派法定代表人或委托代理人出席开标活动,视为该投标人默认开标结果。

5.2 开标程序

5.2.1 主持人按下列程序对投标文件第一个信封(商务及技术文件)进行开标:

(1)宣布开标纪律;

(2)公布在投标截止时间前递交投标文件的投标人数量;

(3)宣布开标人、唱标人、记录人等有关人员姓名;

(4)按照投标人须知前附表规定由投标人推选的代表检查投标文件的密封情况;

(5)按照投标人须知前附表规定的开标顺序当众开标,公布标段名称、投标人名称、投标保证金的递交情况、勘察设计服务期限及其他内容,并记录在案;

(6)投标人代表、招标人代表、记录人等有关人员在开标记录上签字确认;

(7)开标结束。

5.2.2 在投标文件第一个信封(商务及技术文件)开标现场,投标文件第二个信封(报价文件)不予开封,由招标人密封保存。

5.2.3 招标人将按照本章第5.1款规定的时间和地点对投标文件第二个信封(报价文件)进行开标。主持人按下列程序进行开标:

(1)宣布开标纪律;

(2)当众拆开投标文件第一个信封(商务及技术文件)评审结果的密封袋,宣布通过投标文件第一个信封(商务及技术文件)评审的投标人名单;

(3)宣布开标人、唱标人、记录人等有关人员姓名；

(4)按照投标人须知前附表规定由投标人推选的代表检查投标文件的密封情况；

(5)按照投标人须知前附表规定的开标顺序当众开标,开标人只拆封通过投标文件第一个信封(商务及技术文件)评审的投标文件第二个信封(报价文件),公布标段名称、投标人名称、投标报价①及其他内容,并记录在案；

(6)计算并宣布评标基准价；

(7)将未通过投标文件第一个信封(商务及技术文件)评审的投标文件第二个信封(报价文件)退还给投标人；

(8)投标人代表、招标人代表、记录人等有关人员在开标记录上签字确认；

(9)开标结束。

5.2.4 在投标文件第二个信封(报价文件)开标现场,招标人将按第三章"评标办法"规定的原则计算并宣布评标基准价。若招标人发现投标文件出现以下任一情况,其投标报价将不再参加评标基准价的计算：

(1)未在投标函上填写投标总价；

(2)投标报价超出招标人公布的最高投标限价(如有)；

(3)投标报价的大写金额无法确定具体数值；

(4)投标函上填写的标段号与投标文件封套上标记的标段号不一致。

如果投标人认为某一标段的评标基准价计算有误,有权在开标现场提出,经招标人当场核实确认之后,可重新宣布评标基准价。开标现场宣布的评标基准价除计算有误经评标委员会修正外,在整个评标期间保持不变,不随任何因素发生变化。

5.2.5 在投标文件第一个信封(商务及技术文件)或第二个信封(报价文件)开标过程中,若招标人宣读的内容与投标文件不符,投标人有权在开标现场提出疑问,经招标人当场核查确认之后,可重新宣读其投标文件。若投标人现场未提出疑问,则认为投标人已确认招标人宣读的内容。

5.3 开标异议

投标人对开标有异议的,应在开标现场提出,招标人当场作出答复,并制作记录,有异议的投标人代表、招标人代表、记录人等有关人员在记录上签字确认。

6. 评标

6.1 评标委员会

6.1.1 评标由招标人依法组建的评标委员会负责。评标委员会由招标人或其委托的招标代理机构熟悉相关业务的代表,以及有关技术、经济等方面的专家组成。评标

---

① 若投标函中的投标价大小写金额不一致,应以大写金额为准。

委员会成员人数以及技术、经济等方面专家的确定方式见投标人须知前附表。

6.1.2 评标委员会成员有下列情形之一的,应主动提出回避:

(1)为负责招标项目监督管理的交通运输主管部门的工作人员;

(2)与投标人法定代表人或其委托代理人有近亲属关系;

(3)为投标人的工作人员或退休人员;

(4)与投标人有其他利害关系,可能影响评标活动公正性;

(5)在与招标投标有关的活动中有过违法违规行为、曾受过行政处罚或刑事处罚。

6.1.3 评标过程中,评标委员会成员有回避事由、擅离职守或因健康等原因不能继续评标的,招标人有权更换。被更换的评标委员会成员作出的评审结论无效,由更换后的评标委员会成员重新进行评审。

6.2 评标原则

评标活动遵循公平、公正、科学和择优的原则。

6.3 评标

6.3.1 评标委员会按照第三章"评标办法"规定的方法、评审因素、标准和程序对投标文件进行评审。第三章"评标办法"没有规定的方法、评审因素和标准,不作为评标依据。

6.3.2 评标完成后,评标委员会应向招标人提交书面评标报告和中标候选人名单。评标委员会推荐中标候选人的人数见投标人须知前附表。

7. 合同授予

7.1 中标候选人公示

招标人在收到评标报告之日起3日内,按照投标人须知前附表规定的公示媒介和期限公示中标候选人,公示期不得少于3日,公示内容包括:

(1)中标候选人排序、名称、投标报价,对勘察设计质量要求、安全目标和勘察设计服务期限的响应情况;

(2)中标候选人在投标文件中承诺的项目负责人姓名、个人业绩、相关证书名称和编号;

(3)中标候选人在投标文件中填报的项目业绩;

(4)被否决投标的投标人名称、否决依据和原因;

(5)提出异议的渠道和方式;

(6)投标人须知前附表规定公示的其他内容。

7.2 评标结果异议

投标人或其他利害关系人对依法必须进行招标的项目的评标结果有异议的,应在中标候选人公示期间提出。招标人将在收到异议之日起 3 日内作出答复;作出答复前,将暂停招标投标活动。

7.3 中标候选人履约能力审查

中标候选人的经营、财务状况发生较大变化或存在违法行为,招标人认为可能影响其履约能力的,将在发出中标通知书前提请原评标委员会按照招标文件规定的标准和方法进行审查确认。

7.4 定标

按照投标人须知前附表的规定,招标人或招标人授权的评标委员会依法确定中标人。

7.5 中标通知

在本章第 3.3 款规定的投标有效期内,招标人以投标人须知前附表规定的形式向中标人发出中标通知书,同时将中标结果通知未中标的投标人。

7.6 中标结果公告

招标人在确定中标人之日起 3 日内,按照投标人须知前附表规定的公告媒介和期限公告中标结果,公告期不得少于 3 日。公告内容包括中标人名称、中标价。

7.7 技术成果经济补偿

招标人对符合招标文件规定的未中标人的技术成果进行补偿的,招标人将按投标人须知前附表规定的标准给予经济补偿,未中标人在投标文件中声明放弃技术成果经济补偿费的除外。招标人将于中标通知书发出后 30 日内向未中标人支付技术成果经济补偿费。

7.8 履约保证金

7.8.1 在签订合同前,中标人应按投标人须知前附表规定的形式、金额和招标文件第四章"合同条款及格式"规定的或事先经过招标人书面认可的履约保证金格式向招标人提交履约保证金。除投标人须知前附表另有规定外,履约保证金为签约合同价的10%。联合体中标的,其履约保证金以联合体各方或联合体中牵头人的名义提交。

采用银行保函时,应由符合投标人须知前附表规定级别的银行开具,所需的费用由中标人承担,中标人应保证银行保函有效。

7.8.2 中标人不能按本章第 7.8.1 项要求提交履约保证金的,视为放弃中标,其投标保证金不予退还,给招标人造成的损失超过投标保证金数额的,中标人还应对超过部分予以赔偿。

7.9 签订合同

7.9.1 招标人和中标人应在中标通知书发出之日起 30 日内,根据招标文件和中标人的投标文件订立书面合同。中标人无正当理由拒签合同,在签订合同时向招标人提出附加条件,或不按照招标文件要求提交履约保证金的,招标人取消其中标资格,其投标保证金不予退还;给招标人造成的损失超过投标保证金数额的,中标人还应对超过部分予以赔偿。

7.9.2 发出中标通知书后,招标人无正当理由拒签合同,或在签订合同时向中标人提出附加条件的,招标人向中标人退还投标保证金;给中标人造成损失的,还应赔偿损失。

招标人不得以压低勘察设计费、增加工作量、缩短勘察设计服务期限等作为中标的条件,不得与中标人再行订立背离合同实质性内容的其他协议。

7.9.3 签约合同价的确定原则如下:

(1)按照评标办法规定对投标报价进行修正后,若修正后的最终投标报价小于开标时的投标函大写金额报价,则签订合同时以修正后的最终投标报价为准;

(2)按照评标办法规定对投标报价进行修正后,若修正后的最终投标报价大于开标时的投标函大写金额报价,则签订合同时以开标时的投标函大写金额报价为准,同时按比例修正相应子目的单价或合价。

7.9.4 联合体中标的,联合体各方应共同与招标人签订合同,就中标项目向招标人承担连带责任。

7.9.5 招标人和中标人在签订合同协议书的同时,须按照本招标文件规定的格式和要求签订廉政合同,明确双方在廉政建设方面的权利和义务以及应承担的违约责任。

8. 纪律和监督

8.1 对招标人的纪律要求

招标人不得泄露招标投标活动中应保密的情况和资料,不得与投标人串通损害国家利益、社会公共利益或他人合法权益。

8.2 对投标人的纪律要求

投标人不得相互串通投标或与招标人串通投标,不得向招标人或评标委员会成员行贿谋取中标,不得以他人名义投标或以其他方式弄虚作假骗取中标;投标人不得以任何方式干扰、影响评标工作。

8.3 对评标委员会成员的纪律要求

评标委员会成员不得收受他人的财物或其他好处,不得向他人透露对投标文件的评审和比较、中标候选人的推荐情况以及评标有关的其他情况。在评标活动中,评标委员会成员应客观、公正地履行职责,遵守职业道德,不得擅离职守,影响评标程序正常进行,不得使用第三章"评标办法"没有规定的评审因素和标准进行评标。

8.4 对与评标活动有关的工作人员的纪律要求

与评标活动有关的工作人员不得收受他人的财物或其他好处,不得向他人透露对投标文件的评审和比较、中标候选人的推荐情况以及评标有关的其他情况。在评标活动中,与评标活动有关的工作人员不得擅离职守,影响评标程序正常进行。

8.5 投诉

8.5.1 投标人或其他利害关系人认为招标投标活动不符合法律、行政法规规定的,可以自知道或应当知道之日起10日内向有关行政监督部门投诉。投诉应有明确的请求和必要的证明材料。

监督部门的联系方式见投标人须知前附表。

8.5.2 投标人或其他利害关系人对招标文件、开标和评标结果提出投诉的,应按照本章第2.4款、第5.3款和第7.2款的规定先向招标人提出异议。异议答复期间不计算在第8.5.1项规定的期限内。

9. 是否采用电子招标投标

本招标项目是否采用电子招标投标方式,见投标人须知前附表。

10. 需要补充的其他内容

10.1 自购买招标文件之日起,投标人应保证其提供的联系方式(电话、传真、电子邮件)一直有效,以便及时收到招标人发出的函件(招标文件的澄清、修改等),并应及时向招标人反馈信息,否则招标人不承担由此引起的一切后果。

需要补充的其他内容:见投标人须知前附表。

附件一　开标记录表[①]

_____（项目名称）_____标段勘察设计第一个信封（商务及技术文件）开标记录表

开标时间：_____年___月___日___时___分

序号	投标人	密封情况	投标保证金递交情况	勘察设计服务期限	备注	投标人代表签名

招标人代表：_____　　　　　　　　　　　　　　记录人：_____

_____年___月___日

[①] 招标人可根据项目具体特点和实际情况进行修改。

_____（项目名称）_____标段勘察设计第二个信封（报价文件）开标记录表

开标时间：_____年____月____日____时____分

序号	投标人	密封情况	投标报价（元）	是否超过最高投标限价	备注	投标人代表签名
招标人编制的最高投标限价（如有）						

招标人代表：_____　　　　　　　　　　　　　记录人：_____

_____年____月____日

附件二 问题澄清通知

问题澄清通知

(编号：_____)

_____（投标人名称）：

_____（项目名称）_____标段勘察设计招标的评标委员会，对你方的投标文件进行了仔细的审查，现需你方对下列问题以书面形式予以澄清或说明：

1.

2.

……

请将上述问题的澄清或说明于_____年___月___日___时___分前递交至_____（详细地址）或传真至_____（传真号码）或通过下载招标文件的电子招标交易平台上传。采用传真方式的，应在_____年___月___日___时___分前将原件递交至_____（详细地址）。

评标委员会授权的招标人或招标代理机构：_____（签字或盖单位章）

_____年___月___日

附件三 问题的澄清

问题的澄清

(编号：_____)

_____(项目名称)_____标段勘察设计招标评标委员会：

问题澄清通知(编号：_____)已收悉，现澄清、说明如下：

1.

2.

……

上述问题澄清或说明，不改变我方投标文件的实质性内容，构成我方投标文件的组成部分。

        投标人：_____(盖单位章)[①]
        法定代表人或其委托代理人：_____(签字)

           _____年___月___日

---

① 投标人仅须在投标文件的澄清或说明上加盖单位章，或由法定代表人或其委托代理人签字。

附件四　中标通知书

中标通知书

_____（中标人名称）：

你方于_____（投标日期）所递交的_____（项目名称）_____标段勘察设计投标文件已被我方接受,被确定为中标人。

中标价：_____元。

勘察设计服务期限：_____。

质量要求：_____。

安全目标：_____。

项目负责人：_____（姓名）。

请你方在接到本通知书后的____日内到_____（指定地点）与我方签订勘察设计合同,并按招标文件第二章"投标人须知"第 7.8 款规定向我方提交履约保证金。

特此通知。

招标人：_____（盖单位章）

招标代理机构：_____（盖单位章）

____年___月___日

附件五 中标结果通知书

中标结果通知书

_____（未中标人名称）：

我方已接受_____（中标人名称）于_____（投标日期）所递交的_____（项目名称）_____标段勘察设计投标文件，确定_____（中标人名称）为中标人。

感谢你单位对招标项目的参与！

招标人：_____（盖单位章）

招标代理机构：_____（盖单位章）

_____年____月____日

附件六 确认通知

确 认 通 知

_____(招标人名称):

你方于_____年____月____日发出的_____(项目名称)____标段勘察设计招标关于招标文件澄清/修改的通知(第____号补遗书,正文共____页),我方已于_____年____月____日收到。

特此确认。

投标人:_____(盖单位章)

_____年____月____日

第三章 评标办法

第三章　评标办法(综合评估法)

评标办法前附表[①]

条款号		评审因素与评审标准
1	评标方法	综合评分相等时,评标委员会依次按照以下优先顺序推荐中标候选人或确定中标人: (1)评标价低的投标人优先; (2)被_____交通运输主管部门评为较高信用等级的投标人优先; (3)商务和技术得分较高的投标人优先; (4)……
2.1.1 2.1.3	形式评审与响应性评审标准	第一个信封(商务及技术文件)评审标准: (1)投标文件按照招标文件规定的格式、内容填写,字迹清晰可辨: a.投标函按招标文件规定填报了项目名称、标段号、补遗书编号(如有)、勘察设计服务期限、工程质量要求及安全目标; b.投标文件组成齐全完整,内容均按规定填写。 (2)投标文件上法定代表人或其委托代理人的签字、投标人的单位章盖章齐全,符合招标文件规定。 (3)与申请资格预审时比较,投标人发生合并、分立、破产等重大变化的,仍具备资格预审文件规定的相应资格条件且其投标未影响招标公正性: a.投标人应提供相关部门的合法批件及企业法人营业执照和资质证书等证件的副本变更记录复印件; b.投标人仍然满足资格预审文件中规定的资格预审条件最低要求(资质、业绩、人员、信誉等); c.与所投标段的其他投标人不存在控股、管理关系或单位负责人为同一人的情况;与招标人也不存在利害关系并可能影响招标公正性。 (4)投标人按照招标文件的规定提供了投标保证金: a.投标保证金金额符合招标文件规定的金额,且投标保证金有效期不少于投标有效期; b.若投标保证金采用现金或支票形式提交,投标人应在递交投标文件截止时间之前,将投标保证金由投标人的基本账户转入招标人指定账户;

[①] "评标办法前附表"用于明确评标的方法、因素、标准和程序。招标人应根据招标项目具体特点和实际需要,详细列明全部评审因素、标准,没有列明的因素和标准不得作为评标的依据。

续上表

条款号		评审因素与评审标准
2.1.1 2.1.3	形式评审 与响应性 评审标准	c.若投标保证金采用银行保函形式提交,银行保函的格式、开具保函的银行均满足招标文件要求,且在递交投标文件截止时间之前向招标人提交了银行保函原件。 (5)投标人法定代表人授权委托代理人签署投标文件的,须提交授权委托书,且授权人和被授权人均在授权委托书上签名,未使用印章、签名章或其他电子制版签名代替。 (6)投标人法定代表人亲自签署投标文件的,提供了法定代表人身份证明,且法定代表人在法定代表人身份证明上签名,未使用印章、签名章或其他电子制版签名代替。 (7)投标人以联合体形式投标时,联合体满足招标文件的要求: a.未进行资格预审的,投标人按照招标文件提供的格式签订了联合体协议书,明确各方承担连带责任,并明确了联合体牵头人; b.已进行资格预审的,投标人提供了资格预审申请文件中所附的联合体协议书复印件,且通过资格预审后的联合体无成员增减或更换的情况。 (8)投标人如有分包计划,符合招标文件第二章"投标人须知"第1.11款规定,且按招标文件第六章"投标文件格式"的要求填写了"拟分包项目情况表"。 (9)同一投标人未提交两个以上不同的投标文件,但招标文件要求提交备选投标的除外。 (10)投标文件中未出现有关投标报价的内容。 (11)投标文件载明的招标项目完成期限未超过招标文件规定的时限。 (12)投标文件对招标文件的实质性要求和条件作出响应。 (13)权利义务符合招标文件规定: a.投标人应接受招标文件规定的风险划分原则,未提出新的风险划分办法; b.投标人未增加发包人的责任范围,或减少投标人义务; c.投标人未提出不同的支付办法; d.投标人对合同纠纷、事故处理办法未提出异议; e.投标人在投标活动中无欺诈行为; f.投标人未对合同条款有重要保留。 (14)投标文件正、副本份数符合招标文件第二章"投标人须知"第3.7.4项规定。 …… **第二个信封(报价文件)评审标准:** (1)投标文件按照招标文件规定的格式、内容填写,字迹清晰可辨,内容齐全完整: a.投标函按招标文件规定填报了项目名称、标段号、补遗书编号(如有)、投标价(包括大写金额和小写金额);

续上表

条款号		评审因素与评审标准
2.1.1 2.1.3	形式评审与响应性评审标准	b.已标价报价清单说明文字与招标文件规定一致,未进行实质性修改和删减; c.投标文件组成齐全完整,内容均按规定填写。 (2)投标文件上法定代表人或其委托代理人的签字、投标人的单位章盖章齐全,符合招标文件规定。 (3)投标报价未超过招标文件设定的最高投标限价(如有)。 (4)投标报价的大写金额能够确定具体数值。 (5)同一投标人未提交两个以上不同的投标报价,但招标文件要求提交备选投标的除外。 (6)投标文件正、副本份数符合招标文件第二章"投标人须知"第3.7.4项规定。 ……
2.1.2	资格评审标准[①]	(1)投标人具备有效的营业执照、组织机构代码证、勘察资质证书、设计资质证书和基本账户开户许可证。 (2)投标人的资质等级符合招标文件规定。 (3)投标人的类似项目业绩符合招标文件规定。 (4)投标人的信誉符合招标文件规定。 (5)投标人的项目负责人资格符合招标文件规定。 (6)投标人的其他要求符合招标文件规定。[②] (7)投标人不存在第二章"投标人须知"第1.4.3项或第1.4.4项规定的任何一种情形。 (8)投标人符合第二章"投标人须知"第1.4.5项规定。[③] (9)以联合体形式参与投标的,联合体各方均未再以自己名义单独或参加其他联合体在同一标段中投标;独立参与投标的,投标人未同时参加联合体在同一标段中投标。 ……

[①] 本项适用于未进行资格预审的情况。
[②] 对于特别复杂的特大桥梁和特长隧道项目主体工程以及其他有特殊要求的工程,还可对各专业分项负责人进行资格评审。
[③] 本款规定仅适用于根据《关于发布公路工程从业企业资质名录的通知》(厅公路字〔2011〕114号)要求,招标人应通过名录对投标人资质条件进行审核的公路工程设计企业。

续上表

条款号	条款内容	编列内容
2.2.1	分值构成（总分100分）	**第一个信封（商务及技术文件）评分分值构成：**① 技术建议书：_____分 主要人员：_____分 技术能力②：_____分 业绩：_____分 履约信誉：_____分 …… **第二个信封（报价文件）评分分值构成：** 评标价③：_____分
2.2.2	评标基准价计算方法	评标基准价的计算： 在开标现场，招标人将当场计算并宣布评标基准价。 (1)评标价的确定： 评标价＝投标函文字报价 (2)评标价平均值的计算： 方案一：按第一个信封（商务及技术文件）评审得分由高到低的顺序选取前3名（若不足3名，则选取相应数量），对其第二个信封（报价文件）的评标价作算术平均（根据第二章"投标人须知"第5.2.4项规定在开标现场被宣布为不进入评标基准价计算的投标报价除外），将该平均值作为评标价平均值； 方案二：除按第二章"投标人须知"第5.2.4项规定开标现场被宣布为不进入评标基准价计算的投标报价之外，所有投标人的评标价去掉一个最高值和一个最低值后的算术平均值即为评标价平均值（如果参与评标价平均值计算的有效投标人少于5家时，则计算评标价平均值时不去掉最高值和最低值）。 (3)评标基准价的确定④： 方法一：将评标价平均值直接作为评标基准价。 方法二：将评标价平均值下浮____%，作为评标基准价。

① 各评分因素权重分值范围如下：技术建议书30～45分；主要人员20～30分；技术能力0～5分；业绩10～25分；履约信誉5～10分。

② "技术能力"指投标人的科研开发和技术创新能力，招标人可结合招标项目的具体情况提出相关要求，包括投标人获得的与工程咨询管理（包括勘察设计、监理等工程咨询工作）有关的专利（发明专利或实用新型专利）、国家或省级科学技术进步奖，主编或参编过的国家、行业或地方标准等。

③ 评标价权重分值不宜超过10分。

④ 招标人可依据招标项目特点和实际需要，选择或制定适合项目的评标基准价计算方法。与评标基准价计算或评标价得分计算相关的所有系数（如有），其具体数值或随机抽取的数值区间均应在评标办法中予以明确。

第三章 评标办法(综合评估法)

续上表

条款号	条款内容	编列内容
2.2.2	评标基准价计算方法	方法三:招标人设置评标基准价系数,由投标人代表现场抽取,评标价平均值乘以现场抽取的评标基准价系数作为评标基准价。 方法四:…… 在评标过程中,评标委员会应对招标人计算的评标基准价进行复核,存在计算错误的应予以修正并在评标报告中作出说明。除此之外,评标基准价在整个评标期间保持不变,不随任何因素发生变化
2.2.3	评标价的偏差率计算公式	偏差率 = 100% ×(投标人评标价 − 评标基准价)/评标基准价 偏差率保留____位小数

续上表

条款号	评分因素与权重分值①				评分标准②
	评分因素	评分因素权重分值	各评分因素细分项	分值	
2.2.4(1)	技术建议书	___分	对招标项目的理解和总体设计思路	___分	……
			招标项目勘察设计的特点、关键技术问题的认识及其对策措施	___分	……
			对前一阶段工作技术结论及技术方案的不同看法及建议③	___分	……
			勘察设计工作量及计划安排	___分	……
			勘察设计的质量保证措施、进度保证措施、安全保证措施	___分	……
			后续服务的安排及保证措施	___分	……
			……	___分	……
2.2.4(2)	主要人员	___分	项目负责人任职资格与业绩	___分	……
			……	___分	……
2.2.4(3)	评标价	___分	评标价得分计算公式示例： (1)如果投标人的评标价 > 评标基准价，则评标价得分 $= F -$ 偏差率 $\times 100 \times E_1$； (2)如果投标人的评标价 $\leq$ 评标基准价，则评标价得分 $= F +$ 偏差率 $\times 100 \times E_2$。 其中：F 是评标价所占的权重分值，E_1 是评标价每高于评标基准价一个百分点的扣分值，E_2 是评标价每低于评标基准价一个百分点的扣分值；招标人可依据招标项目具体特点和实际需要设置 E_1、E_2，但 E_1 应大于 E_2		
2.2.4(4)	其他因素 技术能力	___分	……	___分	……
			……	___分	……

① 招标人应根据项目具体情况确定各评分因素及评分因素权重分值，并对各评分因素进行细分(如有)、确定各评分因素细分项的分值，各评分因素权重分值合计应为100分。各评分因素(评标价和履约信誉评分项除外)得分一般不得低于其权重分值的60%，且各评分因素得分应以评标委员会各成员的打分平均值确定，评标委员会成员总数为7人以上时，该平均值以去掉一个最高分和一个最低分后计算。评标委员会成员对某一项评分因素的评分低于权重分值60%的，应在评标报告中作出说明。
② 招标人应列明各评分因素或各评分因素细分项(如有)的评分标准并作为评标委员会进行评分的依据。
③ 本项适用于技术特别复杂的特大桥梁、长大隧道项目，或者地质、地形条件特别复杂的公路项目。

续上表

条款号	评分因素与权重分值				评分标准
	评分因素	评分因素权重分值	各评分因素细分项	分值	
2.2.4(4)	其他因素	业绩 ___分	……	___分	……
			……	___分	
		履约信誉① ___分	……	___分	
			……	___分	
		…… ___分	……	___分	
			……	___分	
		…… ___分	……	___分	
			……	___分	
需要补充的其他内容：……					

---

① 招标人可根据招标项目所在地省级交通运输主管部门的有关规定，按照投标人的信用评级结果对其履约信用进行评分，但不得任意设置歧视性条款并不得任意设立行政许可。

1. 评标方法

本次评标采用综合评估法。评标委员会对满足招标文件实质性要求的投标文件,按照本章第2.2款规定的评分标准进行打分,并按得分由高到低顺序推荐中标候选人,或根据招标人授权直接确定中标人,但投标报价低于其成本的除外。综合评分相等时,评标委员会应按照评标办法前附表规定的优先次序推荐中标候选人或确定中标人。

2. 评审标准

2.1 初步评审标准

2.1.1 形式评审标准:见评标办法前附表。

2.1.2 资格评审标准:见评标办法前附表。(适用于未进行资格预审的)

2.1.2 资格评审标准:见资格预审文件第三章"资格审查办法"详细审查标准。(适用于已进行资格预审的)

2.1.3 响应性评审标准:见评标办法前附表。

2.2 分值构成与评分标准

2.2.1 分值构成

(1)技术建议书:见评标办法前附表;

(2)主要人员:见评标办法前附表;

(3)评标价:见评标办法前附表;

(4)其他评分因素:见评标办法前附表。

2.2.2 评标基准价计算

评标基准价计算方法:见评标办法前附表。

2.2.3 评标价的偏差率计算

评标价的偏差率计算公式:见评标办法前附表。

2.2.4 评分标准

(1)技术建议书评分标准:见评标办法前附表;

(2)主要人员评分标准:见评标办法前附表;

(3)评标价评分标准:见评标办法前附表;

(4)其他因素评分标准:见评标办法前附表。

3. 评标程序

3.1 第一个信封初步评审

3.1.1 评标委员会可以要求投标人提交第二章"投标人须知"第3.5.1项至第3.5.5项规定的有关证明和证件的原件,以便核验。评标委员会依据本章第2.1款规定的标准对投标文件第一个信封(商务及技术文件)进行初步评审。有一项不符合评审标准的,评标委员会应否决其投标。(适用于未进行资格预审的)

3.1.1 评标委员会依据本章第2.1.1项、第2.1.3项规定的评审标准对投标文件第一个信封(商务及技术文件)进行初步评审。有一项不符合评审标准的,评标委员会应否决其投标。当投标人资格预审申请文件的内容发生重大变化时,评标委员会依据本章第2.1.2项规定的标准对其更新资料进行评审。(适用于已进行资格预审的)

3.2 第一个信封详细评审

3.2.1 评标委员会按本章第2.2款规定的量化因素和分值进行打分,并计算出各投标人的商务和技术得分。

(1)按本章第2.2.4项(1)目规定的评审因素和分值对技术建议书部分计算出得分 A;

(2)按本章第2.2.4项(2)目规定的评审因素和分值对主要人员部分计算出得分 B;

(3)按本章第2.2.4项(4)目规定的评审因素和分值对其他部分计算出得分 D。

3.2.2 投标人的商务和技术得分分值计算保留小数点后两位,小数点后第三位"四舍五入"。

3.2.3 投标人的商务和技术得分 = A + B + D。

3.3 第二个信封开标

第一个信封(商务及技术文件)评审结束后,招标人将按照第二章"投标人须知"第5.1款规定的时间和地点对通过投标文件第一个信封(商务及技术文件)评审的投标文件第二个信封(报价文件)进行开标。

3.4 第二个信封初步评审

3.4.1 评标委员会依据本章第2.1.1项、第2.1.3项规定的评审标准对投标文件第二个信封(报价文件)进行初步评审。有一项不符合评审标准的,评标委员会应否决其投标。

3.4.2 投标报价有算术错误的,评标委员会按以下原则对投标报价进行修正,修正的价格经投标人书面确认后具有约束力。投标人不接受修正价格的,评标委员会应否决其投标。

(1)投标文件中的大写金额与小写金额不一致的,以大写金额为准;

(2)总价金额与依据单价计算出的结果不一致的,以单价金额为准修正总价,但单价金额小数点有明显错误的除外;

(3)当单价与数量相乘不等于合价时,以单价计算为准,如果单价有明显的小数点位置差错,应以标出的合价为准,同时对单价予以修正;

(4)当各子目的合价累计不等于总价时,应以各子目合价累计数为准,修正总价。

3.4.3 修正后的最终投标报价若超过最高投标限价(如有),评标委员会应否决其投标。

3.4.4 修正后的最终投标报价仅作为签订合同的一个依据,不参与评标价得分的计算。

3.5 第二个信封详细评审

3.5.1 评标委员会按本章第2.2.4项(3)目规定的评审因素和分值对评标价计算出得分C。评标价得分分值计算保留小数点后两位,小数点后第三位"四舍五入"。

3.5.2 投标人综合得分=投标人的商务和技术得分+C。

3.5.3 评标委员会发现投标人的报价明显低于其他投标报价,使得其投标报价可能低于其个别成本的,应要求该投标人作出书面说明并提供相应的证明材料。投标人不能合理说明或不能提供相应证明材料的,评标委员会应认定该投标人以低于成本报价竞标,并否决其投标。

3.6 投标文件相关信息的核查

3.6.1 在评标过程中,评标委员会应查询交通运输主管部门"公路建设市场信用信息管理系统",对投标人的资质、业绩、主要人员资历和目前在岗情况、信用等级等信息进行核实。若投标文件载明的信息与交通运输主管部门"公路建设市场信用信息管理系统"发布的信息不符,使得投标人的资格条件不符合招标文件规定的,评标委员会应否决其投标。

3.6.2 评标委员会应对在评标过程中发现的投标人与投标人之间、投标人与招标人之间存在的串通投标的情形进行评审和认定。投标人存在串通投标、弄虚作假、行贿等违法行为的,评标委员会应否决其投标。

(1)有下列情形之一的,属于投标人相互串通投标:

a. 投标人之间协商投标报价等投标文件的实质性内容;

b. 投标人之间约定中标人;

c. 投标人之间约定部分投标人放弃投标或中标;

d. 属于同一集团、协会、商会等组织成员的投标人按照该组织要求协同投标;

e. 投标人之间为谋取中标或排斥特定投标人而采取的其他联合行动。

(2)有下列情形之一的,视为投标人相互串通投标:

a. 不同投标人的投标文件由同一单位或个人编制;

b. 不同投标人委托同一单位或个人办理投标事宜；

c. 不同投标人的投标文件载明的项目管理成员为同一人；

d. 不同投标人的投标文件异常一致或投标报价呈规律性差异；

e. 不同投标人的投标文件相互混装；

f. 不同投标人的投标保证金从同一单位或个人的账户转出。

（3）有下列情形之一的，属于招标人与投标人串通投标：

a. 招标人在开标前开启投标文件并将有关信息泄露给其他投标人；

b. 招标人直接或间接向投标人泄露标底、评标委员会成员等信息；

c. 招标人明示或暗示投标人压低或抬高投标报价；

d. 招标人授意投标人撤换、修改投标文件；

e. 招标人明示或暗示投标人为特定投标人中标提供方便；

f. 招标人与投标人为谋求特定投标人中标而采取的其他串通行为。

（4）投标人有下列情形之一的，属于弄虚作假的行为：

a. 使用通过受让或租借等方式获取的资格、资质证书投标；

b. 使用伪造、变造的许可证件；

c. 提供虚假的业绩；

d. 提供虚假的项目负责人或主要技术人员简历、劳动关系证明；

e. 提供虚假的信用状况；

f. 其他弄虚作假的行为。

3.7 投标文件的澄清和说明

3.7.1 在评标过程中，评标委员会可以书面形式要求投标人对投标文件中含义不明确的内容、明显文字或计算错误进行书面澄清或说明。评标委员会不接受投标人主动提出的澄清、说明。投标人不按评标委员会要求澄清或说明的，评标委员会应否决其投标。

3.7.2 澄清和说明不得超出投标文件的范围或改变投标文件的实质性内容（算术性错误的修正除外）。投标人的书面澄清、说明属于投标文件的组成部分。

3.7.3 评标委员会不得暗示或诱导投标人作出澄清、说明，对投标人提交的澄清、说明有疑问的，可以要求投标人进一步澄清或说明，直至满足评标委员会的要求。

3.7.4 凡超出招标文件规定的或给发包人带来未曾要求的利益的变化、偏差或其他因素在评标时不予考虑。

3.8 不得否决投标的情形

投标文件存在第二章"投标人须知"第1.12.3项所列情形的，均视为细微偏差，评标委员会不得否决投标人的投标，应按照第二章"投标人须知"第1.12.4项规定的原则处理。

3.9 评标结果

3.9.1 除第二章"投标人须知"前附表授权直接确定中标人外,评标委员会按照得分由高到低的顺序推荐中标候选人,并标明排序。

3.9.2 评标委员会完成评标后,应向招标人提交书面评标报告。

第四章 合同条款及格式

第一节 通用合同条款

通用合同条款

1. 一般约定

1.1 词语定义

通用合同条款、专用合同条款中的下列词语应具有本款所赋予的含义。

1.1.1 合同

1.1.1.1 合同文件(或称合同):指合同协议书及各种合同附件、中标通知书、投标函、专用合同条款、通用合同条款、发包人要求、勘察设计费用清单,以及其他构成合同组成部分的文件。

1.1.1.2 合同协议书:指发包人和设计人共同签署的合同协议书。

1.1.1.3 中标通知书:指发包人通知设计人中标的函件。

1.1.1.4 投标函:指由设计人填写并签署的,名为"投标函"的函件。

1.1.1.5 发包人要求:指合同文件中名为"发包人要求"的文件。

1.1.1.6 技术建议书:指设计人投标文件中的技术建议书。

1.1.1.7 勘察设计费用清单:指设计人投标文件中的勘察设计费用清单。

1.1.1.8 其他合同文件:指经合同双方当事人确认构成合同文件的其他文件。

1.1.2 合同当事人和人员

1.1.2.1 合同当事人:指发包人和(或)设计人。

1.1.2.2 发包人:指与设计人签订合同协议书的当事人,以及取得该当事人资格的合法继承人。

1.1.2.3 设计人:指与发包人签订合同协议书的当事人,以及取得该当事人资格的合法继承人。若设计人为联合体,则设计人包括联合体所有成员单位。

1.1.2.4 发包人代表:指由发包人任命,并在授权范围和期限内代表发包人行使权利和履行义务的全权负责人。

1.1.2.5 项目负责人:指由设计人任命,代表设计人行使权利和履行义务的全权负责人。

1.1.2.6 分项负责人:指由设计人任命,并经过发包人认可的各专业负责人。

1.1.2.7 分包人:指从设计人处分包合同中某一部分工作,并与其签订分包合同的单位。

1.1.2.8 咨询单位:指受发包人委托对本工程勘察设计文件进行审查或提供咨询意见的咨询机构。

1.1.3 工程和勘察设计

1.1.3.1 工程:指专用合同条款中指明进行勘察设计招标的工程。

1.1.3.2 勘察设计服务：指设计人按照合同约定履行的服务，包括制订勘察设计工作大纲，进行测绘、勘探、取样和试验等，查明、分析和评估地质特征和工程条件，编制勘察报告；编制设计文件和设计概算、预算，提供技术交底、招标与施工配合，参加交工验收、参加竣工验收或发包人委托的其他服务。

1.1.3.3 勘察设备：指为完成合同约定的各项工作所需的设备、器具和其他物品，不包括临时工程和材料。

1.1.3.4 勘探场地：指用于工程勘探的场所，以及在合同中指定作为勘探场地组成的其他场所。

1.1.3.5 勘察设计资料：指发包人按合同约定向设计人提供的、用于完成勘察设计服务范围与内容所需的资料。

1.1.3.6 勘察设计文件：指设计人按合同约定向发包人提交的工程勘察报告、服务大纲、勘察方案、外业指导书、进度计划，设计说明、图纸、图板、模型、计算书、软件和其他文件等，包括阶段性文件和最终文件，且应采用合同中双方约定的格式和载体。

1.1.4 日期

1.1.4.1 开始勘察设计通知：指发包人按第6.1款通知设计人开始勘察设计的函件。

1.1.4.2 开始勘察设计日期：指发包人按第6.1款发出的开始勘察设计通知中写明的开始勘察设计日期。

1.1.4.3 勘察设计服务期限：指设计人在投标函中承诺的完成合同勘察设计服务所需的期限，包括按第6.2款、第6.4款、第6.5款和第6.7款约定所作的调整。

1.1.4.4 完成勘察设计日期：指第1.1.4.3目约定勘察设计服务期限届满时的日期。

1.1.4.5 基准日：指投标截止时间前28天的日期。

1.1.4.6 天：除特别指明外，指日历天。合同中按天计算时间的，开始当天不计入，从次日开始计算。期限最后一天的截止时间为当天24:00。

1.1.5 合同价格和费用

1.1.5.1 签约合同价：指签订合同时合同协议书中写明的、包括暂列金额在内的勘察设计费用总金额。

1.1.5.2 合同价格：指设计人按合同约定完成了全部勘察设计工作后，发包人应付给设计人的金额，包括在履行合同过程中按合同约定进行的变更和调整。

1.1.5.3 费用：指为履行合同所发生的或将要发生的所有合理开支，包括管理费和应分摊的其他费用，但不包括利润。

1.1.5.4 暂列金额：指暂时未定的，包括在合同中，并在报价清单汇总表中以此名称标明的金额，用于进行本工程可能发生的额外勘察设计工作或作为不可预见费用，按照合同条款第12.5款的规定使用。

1.1.6 其他

1.1.6.1 书面形式:指合同文件、信件和数据电文(包括电报、电传、传真、电子数据交换和电子邮件)等可以有形地表现所载内容的形式。

1.1.6.2 勘察设计质量事故:指在缺陷责任期结束前,由于勘察设计原因使工程不满足技术标准及设计要求,并造成结构损毁或一定直接经济损失的事故。

根据直接经济损失或工程结构损毁情况(自然灾害所致除外),勘察设计质量事故分为特别重大质量事故、重大质量事故、较大质量事故和一般质量事故四个等级,上述质量事故的界定按交通运输部《公路水运建设工程质量事故等级划分和报告制度》规定执行。

1.2 语言文字

合同使用的语言文字为中文。专用术语使用外文的,应附有中文注释。

1.3 适用法律

适用于合同的法律包括中华人民共和国法律、行政法规、部门规章,以及工程所在地的地方法规、自治条例、单行条例和地方政府规章。

本合同适用的其他规范性文件,可在专用合同条款中约定。

1.4 合同文件的优先顺序

组成合同的各项文件应互相解释,互为说明。除专用合同条款另有约定外,解释合同文件的优先顺序如下:

(1)合同协议书及各种合同附件(含评标期间和合同谈判过程中的澄清文件和补充资料;设计人提交的经发包人审核通过的勘察设计详细工作大纲及进度计划、专题研究详细工作大纲等);
(2)中标通知书;
(3)投标函;
(4)专用合同条款;
(5)通用合同条款;
(6)发包人要求;
(7)勘察设计费用清单;
(8)设计人有关人员投入的承诺;
(9)其他合同文件。

合同当事人针对各类合同文件所作出的补充和修改亦属于合同文件的组成部分,属于同一类内容的文件,应以最新签署的为准。

1.5 合同协议书

设计人按中标通知书规定的时间与发包人签订合同协议书。除法律另有规定或合同另有约定外,发包人和设计人的法定代表人或其委托代理人在合同协议书上签字并盖单位章后,合同生效。

1.6 文件的提供和照管

1.6.1 勘察设计文件的提供

除专用合同条款另有约定外,设计人应在合理的期限内按照合同约定的数量向发包人提供勘察设计文件。合同约定勘察设计文件应经发包人批复的,发包人应在合同约定的期限内批复或提出修改意见。

1.6.2 发包人提供的文件

按专用合同条款约定由发包人提供的文件,包括基础资料、勘察设计任务书等,发包人应按约定的数量和期限交给设计人。由于发包人未按时提供文件造成勘察设计服务期限延误的,按第6.2款约定执行。

1.6.3 文件错误的通知

任何一方当事人发现文件中存在的明显错误或疏忽,均应及时通知对方当事人,并应立即采取适当的措施防止损失扩大。

1.7 联络

1.7.1 与合同有关的通知、批准、证明、证书、指示、要求、请求、同意、意见、确定和决定等,均应采用书面形式。

1.7.2 上述通知、批准、证明、证书、指示、要求、请求、同意、意见、确定和决定等来往函件,均应在合同约定的期限内送达指定的地点和指定的接收人,并办理签收手续。

1.8 转让

除专用合同条款另有约定外,未经对方当事人同意,一方当事人不得将合同权利全部或部分转让给第三人,也不得全部或部分转移合同义务。

1.9 严禁贿赂

合同双方当事人不得以贿赂或变相贿赂的方式,谋取不当利益或损害对方权益。因贿赂造成对方当事人损失的,行为人应赔偿损失,并承担相应的法律责任。

1.10 知识产权

1.10.1 除专用合同条款另有约定外,设计人因受发包人委托进行的本项目勘察设计及专题研究而产生的成果均为双方所共同享有,其中任何一方向第三方转让时须经另一方同意,但若发包人因推进本项目的需要向第三者透露研究成果,则无须经过设计人的同意。

1.10.2 设计人在从事勘察设计活动时,不得侵犯他人的知识产权。因侵犯专利权或其他知识产权所引起的责任,由设计人自行承担。因发包人提供的勘察设计资料导致侵权的,由发包人承担责任。

1.10.3 设计人在投标文件中采用专利技术、专有技术的,相应的使用费视为已包含在投标报价之中。

1.11 文件及信息的保密

未经对方同意,任何一方当事人不得将有关文件、技术秘密、需要保密的资料和信息泄露给他人或公开发表与引用。

1.12 发包人要求

1.12.1 设计人应认真阅读、复核发包人要求,发现错误的,应及时书面通知发包人。无论是否存在错误,发包人均有权修改发包人要求,并在修改后3天内通知设计人。除专用合同条款另有约定外,由此导致设计人费用增加和(或)周期延误的,发包人应当相应地增加费用和(或)延长周期。

1.12.2 如果发包人要求违反法律规定,设计人应在发现后及时书面通知发包人,要求其改正。发包人收到通知书后不予改正或不予答复的,设计人有权拒绝履行合同义务,直至解除合同;由此引起的设计人的全部损失由发包人承担。

1.12.3 发包人要求采用国外规范和标准进行勘察设计时,应由发包人负责提供该规范和标准的外国文本和中文译本,提供的时间、份数和其他要求在专用合同条款中约定。

1.13 避免利益冲突

除专用合同条款另有约定外,设计人及其雇员不应接受本合同规定以外的与本工程有关的利益和报酬;设计人不得参与与发包人的利益相冲突的任何活动。

2. 发包人义务

2.1 遵守法律

发包人在履行合同过程中应遵守法律,并保证设计人免于承担因发包人违反法律而引起的任何责任。

2.2 发出开始勘察设计通知

发包人应按第6.1款的约定向设计人发出开始勘察设计通知。

2.3 办理证件和批件

法律规定和(或)合同约定由发包人负责办理的工程建设项目必须履行的各类审批、核准或备案手续,发包人应按时办理,设计人应给予必要的协助。

法律规定和(或)合同约定由设计人负责办理的勘察设计所需的证件和批件,发包人应给予必要的协助。

2.4 支付合同价款

发包人应按合同约定向设计人及时支付合同价款。

2.5 提供勘察设计资料

发包人应按第1.6.2项的约定向设计人提供勘察设计资料。

2.6 其他义务

2.6.1 发包人应严格履行基本建设程序,根据本工程的具体情况和技术要求,确定合理的勘察设计工作量及合理的勘察设计服务期限。

2.6.2 发包人应组织专家或委托咨询单位对勘察设计文件和为了满足勘察设计需要而进行的各种研究试验成果进行审查,并负责设计文件的报审工作,向设计人提供上级主管部门对设计文件进行审查后的批复意见。对设计人在贯彻落实审查意见时提出的有关问题应及时认真予以解答,但并不免除设计人根据本合同规定应负的责任。

2.6.3 发包人不应向设计人提出不符合工程安全生产法律、法规和工程建设强制性标准规定的要求。

2.6.4 由于执行发包人的书面指令而造成的勘察设计质量事故应由发包人承担责任。

2.6.5 发包人应履行专用合同条款约定的其他义务。

3. 发包人管理

3.1 发包人代表

3.1.1 除专用合同条款另有约定外,发包人应在合同签订后14天内,将发包人代表的姓名、职务、联系方式、授权范围和授权期限书面通知设计人,由发包人代表在其授权范围和授权期限内,代表发包人行使权利、履行义务和处理合同履行中的具体事宜。发包人代表在授权范围内的行为由发包人承担法律责任。

3.1.2 发包人代表违反法律法规、违背职业道德守则或不按合同约定履行职责及义务,导致合同无法继续正常履行的,设计人有权通知发包人更换发包人代表。发包人收到通知后7天内,应核实完毕并将处理结果通知设计人。

3.1.3 发包人更换发包人代表的,应提前14天将更换人员的姓名、职务、联系方式、授权范围和授权期限书面通知设计人。

3.1.4 发包人代表可以授权发包人的其他人员负责执行其指派的一项或多项工作。发包人代表应将被授权人员的姓名及其授权范围通知设计人。被授权人员在授权范围内发出的指示视为已得到发包人代表的同意,与发包人代表发出的指示具有同等效力。

3.2 监理人

3.2.1 发包人可以根据工程建设需要确定是否委托监理人进行勘察设计监理。如果委托监理,则监理人享有合同约定的权力,其所发出的任何指示应视为已得到发包人的批准。监理人的监理范围、职责权限和总监理工程师信息,应在专用合同条款中指明。未经发包人批准,监理人无权修改合同。

3.2.2 合同约定应由设计人承担的义务和责任,不因监理人对设计文件的审查或批准,以及为实施监理作出的指示等职务行为而减轻或解除。

3.3 发包人的指示

3.3.1 发包人应按合同约定向设计人发出指示,发包人的指示应盖有发包人单位章,并由发包人代表签字确认。

3.3.2 设计人收到发包人作出的指示后应遵照执行。指示构成变更的,应按第11条执行。

3.3.3 在紧急情况下,发包人代表或其授权人员可以当场签发临时书面指示,设计人应遵照执行。发包人代表应在临时书面指示发出后24小时内发出书面确认函,逾期未发出书面确认函的,该临时书面指示应被视为发包人的正式指示。

3.3.4 除专用合同条款另有约定外,设计人只从发包人代表或按第3.1.4项约定的被授权人员处取得指示。

3.3.5 由于发包人未能按合同约定发出指示、指示延误或指示错误而导致设计人费用增加和(或)周期延误的,发包人应承担由此增加的费用和(或)周期延误。

3.4 决定或答复

3.4.1 发包人在法律允许的范围内有权对设计人的勘察设计工作和(或)勘察设计文件作出处理决定,设计人应按照发包人的决定执行,涉及勘察设计服务期限或勘察设计费用等问题按第11条的约定处理。

3.4.2 发包人应在专用合同条款约定的时间之内,对设计人书面提出的事项作出书面答复;逾期没有作出答复的,视为已获得发包人的批准。

4. 设计人义务

4.1 设计人的一般义务

4.1.1 遵守法律

设计人在履行合同过程中应遵守法律,并保证发包人免于承担因设计人违反法律而引起的任何责任。

4.1.2 依法纳税

设计人应按有关法律规定纳税,应缴纳的税金(含增值税)包括在合同价格之中。

4.1.3 完成全部勘察设计工作

设计人应按合同约定以及发包人要求,完成合同约定的全部工作,并对工作中的任何缺陷进行整改、完善和修补,使其满足合同约定的目的。设计人应按合同约定提供勘察设计文件和相关服务,以及为完成勘察设计服务所需的劳务、材料、勘察设备、试验设施等,并应自行承担勘探场地临时设施的搭设、维护、管理和拆除。

4.1.4 保证勘察作业规范、安全和环保

设计人应按法律、规范标准和发包人要求,采取各项有效措施,确保勘察作业操作规范、安全、文明和环保,在风险性较大的环境中作业时应编制安全防护方案并制订应急预案,防止因勘察作业造成的人身伤害和财产损失。

对于设计人在勘察设计过程中发生的人员伤亡或财产损失,或造成第三方的人员伤亡、财产损失,或由此而引起的其他一切损害和损失,发包人均不承担责任。

4.1.5 避免勘探对公众与他人的利益造成损害

设计人在进行合同约定的各项工作时,不得侵害发包人与他人使用公用道路、水源、市政管网等公共设施的权利,避免对邻近的公共设施产生干扰,保证勘探场地的周边设施、建构筑物、地下管线、架空线和其他物体的安全运行。设计人占用或使用他人的施工场地,影响他人作业或生活的,应承担相应责任。

4.1.6 其他义务

4.1.6.1 设计人对本合同工程勘察设计质量承担设计使用年限内的终身责任。

4.1.6.2 在勘察设计过程中,设计人应与本项目相干扰的铁路、航道、水利、管线、电力电信及其他相关建筑设施或特殊保护区域的主管部门进行协商,获得项目相干扰部门对推荐路线的认同意见、协议、批准文件或纪要等,以确保本项目顺利实施。

4.1.6.3 设计人的勘察设计文件应接受发包人、咨询单位及发包人的上级主管部门的审查,凡审查意见中提出的问题,设计人应逐条给予认真贯彻落实,提交书面的反馈意见并免费修改勘察设计文件。

4.1.6.4 设计人应按发包人要求的数量(符合规范要求)提供所有为完成勘察设计所必需的研究试验阶段性或成果性报告,接受发包人或上级主管部门的审查,并对相关问题作出澄清和解答。

4.1.6.5 设计人应根据设计需要开展专题研究工作,提交相应专题研究报告,并通过发包人或上级主管部门的审查。

4.1.6.6 设计人应履行合同约定的其他义务。

4.2 履约保证金

4.2.1 除专用合同条款另有约定外,履约保证金自合同生效之日起生效,在最后一批勘察设计成果文件经上级主管部门批复且设计人按照合同约定缴纳质量保证金之日起 28 天后失效。如果设计人不履行合同约定的义务或其履行不符合合同的约定,发包人有权扣划相应金额的履约保证金。

4.2.2 发包人应在收到设计人缴纳的质量保证金后 28 天内将履约保证金退还给设计人。设计人拒绝按照本合同约定缴纳质量保证金的,发包人有权从勘察设计费中扣留相应金额作为质量保证金。

4.2.3 发包人对履约保证金提出的任何索赔要求,均应在履约保证金有效期内提出。

4.3 分包和不得转包

4.3.1 设计人不得将其勘察设计的全部工作转包给第三人。

4.3.2 设计人不得将勘察设计的主体、关键性工作分包给第三人。除专用合同条款另有约定外,经发包人同意,设计人可将工程设计中跨专业或有特殊要求的勘察、设计工作进行分包。未列入投标文件的勘察设计工作,设计人不得分包。

4.3.3 发包人同意设计人分包工作的,设计人应在分包合同签订之日起 7 天内向发包人提交 1 份分包合同副本,并对分包工作质量承担连带责任。除专用合同条款另有约定外,分包人的勘察设计费用由设计人向分包人自行支付。

4.3.4 分包人的资格能力应与其分包工作的标准和规模相适应,包括必要的企业资质、人员、设备和类似业绩等。分包人不得将分包项目再次分包或转包。

4.3.5 发包人对设计人与各分包人之间的法律和经济纠纷不承担任何责任和义务。

4.4 联合体

4.4.1 联合体各方应共同与发包人签订合同。联合体各方应为履行合同承担连带责任。

4.4.2 联合体协议经发包人确认后作为合同附件。在履行合同过程中,未经发包人同意,不得修改联合体协议。

4.4.3 联合体牵头人负责与发包人联系并接受指示,负责组织联合体各成员全面履行合同。发包人就本合同工程向联合体牵头人发布的任何指令、指示、通知等均对联合体其他成员具有同等效力。

4.4.4 未经发包人同意,联合体的组成、结构与业务分工均不得变动。

4.5 项目负责人

4.5.1 设计人应按合同协议书的约定指派项目负责人,并在约定的期限内到职。

设计人更换项目负责人应事先征得发包人同意,并应在更换14天前将拟更换的项目负责人姓名和详细资料提交发包人,拟更换的项目负责人资历应不低于原项目负责人。项目负责人2天内不能履行职责的,应事先征得发包人同意,并委派代表代行其职责。

4.5.2 项目负责人应按合同约定以及发包人要求,负责组织合同工作的实施。在情况紧急且无法与发包人取得联系时,可采取保证工程和人员生命财产安全的紧急措施,并在采取措施后24小时内向发包人提交书面报告。

4.5.3 设计人为履行合同发出的一切函件均应盖有设计人单位章,并由设计人的项目负责人签字确认。

4.5.4 按照专用合同条款约定,项目负责人可以授权其下属人员履行其某项职责,但事先应将这些人员的姓名和授权范围书面通知发包人。

4.6 勘察设计人员的管理

4.6.1 设计人应在接到开始勘察设计通知之日起7天内,向发包人提交勘察设计项目机构以及人员安排的报告,其内容应包括项目机构设置、主要勘察设计人员和其他人员的名单及资格条件。主要勘察设计人员应相对稳定,更换主要勘察设计人员的,应取得发包人的同意,并向发包人提交继任人员的资格、管理经验等资料,继任人员的资历应不低于原设计人员。项目负责人的更换,应按照本章第4.5.1项规定执行。

4.6.2 除专用合同条款另有约定外,主要勘察设计人员包括项目负责人、专业负责人、审核人、审定人等;其他人员包括勘察作业人员、各专业的设计人员、管理人员等。

4.6.3 设计人应保证其主要勘察设计人员(含分包人)在合同期限内的任何时候,都能按时参加发包人组织的工作会议。

4.6.4 国家规定应当持证上岗的工作人员均应持有相应的资格证明,发包人有权随时检查。发包人认为有必要时,可以进行现场考核。

4.6.5 设计人的工作进度未达到设计人投标文件中承诺的进度计划时,发包人有权要求设计人增加勘察设计人员,设计人应立即安排,其费用视为已包含在合同价格中。

4.7 撤换项目负责人和其他人员

设计人应对其项目负责人和其他人员进行有效管理。发包人要求撤换不能胜任本职工作、行为不端或玩忽职守的项目负责人和其他人员的,设计人应予以撤换。

4.8 保障人员的合法权益

4.8.1 设计人应与其雇用的人员签订劳动合同,并按时发放工资。

4.8.2 设计人应按劳动法的规定安排工作时间,保证其雇用人员享有休息和休假的权利。因勘察设计需要占用休假日或延长工作时间的,应不超过法律规定的限度,并按法律规定给予补休或付酬。

4.8.3 设计人应为其现场人员提供必要的食宿条件,以及符合环境保护和卫生要求的生活环境,在远离城镇的勘探场地,还应配备必要的伤病防治和急救设施。

4.8.4 设计人应按国家有关劳动保护的规定,采取有效的防止粉尘、降低噪声、控制有害气体和保障高温、高寒、高空作业安全等劳动保护措施。其雇用人员在勘探作业中受到伤害的,设计人应立即采取有效措施进行抢救和治疗。

4.8.5 设计人应按有关法律规定和合同约定,为其雇用人员办理保险。

4.9 合同价款应专款专用

发包人按合同约定支付给设计人的各项价款,应专用于合同勘察设计工作。

5. 勘察设计要求

5.1 一般要求

5.1.1 发包人应遵守法律和规范标准,不得以任何理由要求设计人违反法律和工程质量、安全标准进行勘察设计服务,降低工程质量。

5.1.2 设计人应按照法律规定,以及国家、行业和地方的规范和标准完成勘察设计工作,并应符合发包人要求。各项规范、标准和发包人要求之间如对同一内容的描述不一致时,应以描述更为严格的内容为准。

5.1.3 除专用合同条款另有约定外,设计人完成勘察设计工作所应遵守的法律规定,以及国家、行业和地方的规范和标准,均应视为在基准日适用的版本。基准日之后,前述版本发生重大变化,或者有新的法律,以及国家、行业和地方的规范和标准实施的,设计人应向发包人提出遵守新规定的建议。发包人应在收到建议后7天内发出是否遵守新规定的指示。发包人指示遵守新规定的,按照第11条约定执行。

5.1.4 设计人在勘察设计服务中选用的材料、设备,应注明其规格、型号、性能等技术指标及适应性,满足质量、安全、节能、环保等要求,但不得指定生产厂、供应商和产品品牌。

5.1.5 设计人必须贯彻"技术先进、安全可靠、适用耐久、经济合理"的基本原则,加强总体设计,重视与城镇建设总体规划、土地开发利用规划、农田水利、森林植被、水土保持、生态环境、特殊设施保护区、其他运输方式和其他建设工程的总体协调和配合,节约资源、保护环境、合理选用技术指标、树立全寿命周期成本的理念,充分发挥工程建设项目经济、社会和环境的综合效益。

5.2 勘察设计依据

除专用合同条款另有约定外,本工程的勘察设计依据如下:
(1)适用的法律、行政法规及部门规章;

(2) 与工程有关的规范、标准、规程;

(3) 工程基础资料及其他文件;

(4) 本勘察设计服务合同及补充合同;

(5) 本工程施工需求;

(6) 合同履行中与勘察设计服务有关的来往函件;

(7) 其他勘察设计依据。

5.3 勘察设计范围

5.3.1 本合同的勘察设计范围包括工程范围、阶段范围和工作范围,具体勘察设计范围应根据三者之间的关联内容进行确定。

5.3.2 工程范围指勘察设计工程的建设内容,具体范围在专用合同条款中约定。

5.3.3 阶段范围指工程建设程序中的可行性研究勘察、初步勘察、详细勘察、施工勘察、方案设计、初步设计、技术设计(如有)、施工图设计等阶段中的一个或多个阶段,具体范围在专用合同条款中约定。

5.3.4 工作范围指工程测量、岩土工程勘察、岩土工程设计(如有),编制设计文件,编制设计概算、预算,提供技术交底、招标与施工配合,编制竣工图,参加交工验收、参加竣工验收和发包人委托的其他服务中的一项或多项工作,具体范围在专用合同条款中约定。

5.4 勘察作业要求

5.4.1 测绘

(1) 除专用合同条款另有约定外,发包人应在开始勘察前7天内,向设计人提供测量基准点、水准点和书面资料等;设计人应根据国家测绘基准、测绘系统和工程测量技术规范,按发包人要求的基准点以及合同工程精度要求,进行测绘。

(2) 设计人测绘之前,应认真核对测绘数据,保证引用数据和原始数据准确无误。测绘工作应由测量人员如实记录,不得补记、涂改或损坏。

(3) 工程勘探之前,设计人应严格按照勘察方案的孔位坐标,进行测量放线并在实地位置定位,埋设带有编号且不易移动的标志桩进行定位控制。

5.4.2 勘探

(1) 设计人应根据公路基本建设程序各阶段要求的深度开展工作,结合现场地形地质条件、工程结构设置以及不同勘察手段的特性等,统筹考虑、综合确定勘察方法及勘察工作量,为完成合同约定的勘察设计任务创造条件。设计人对于勘察方法的正确性、适用性和可靠性完全负责。

(2) 设计人布置勘探工作时,应充分考虑勘探方法对于自然环境、周边设施、建构筑物、地下管线、架空线和其他物体的影响,采用切实有效的措施进行防范控制,不得造成损坏或中断运行,否则由此导致的费用增加和(或)周期延误由设计人自行承担。

(3)设计人应在标定的孔位处进行勘探,不得随意改动位置。勘探方法、勘探机具、勘探记录、取样编录与描述,孔位标记、孔位封闭等事项,应严格执行规范标准,按实填写勘探报表和勘探日志。

(4)勘探工作完成后,设计人应按照规范要求及时封孔,并将封孔记录整理存档,勘探场地应地面平整、清洁卫生,并通知发包人、行政主管部门及使用维护单位进行现场验收。验收通过之后如果发生沉陷,设计人应及时进行二次封孔和现场验收。

5.4.3 取样

(1)设计人应针对不同的岩土地质,按照勘探取样规范规程中的相关规定,根据地层特征、取样深度、设备条件和试验项目的不同,合理选用取样方法和取样工具进行取样,包括并不限于土样、水样、岩芯等。

(2)取样后的样品应根据其类别、性质和特点等进行封装、贮存和运输。样品搬运之前,宜用数码相机进行现场拍照;运输途中应采用柔软材料充填、尽量避免震动和阳光曝晒;装卸之时尽量轻拿轻放,以免样品损坏。

(3)取样后的样品应填写和粘贴标签,标签内容包括并不限于工程名称、孔号、样品编号、取样深度、样品名称、取样日期、取样人姓名、施工机组等。

5.4.4 试验

(1)设计人应根据岩土条件、设计要求、勘察经验和测试方法特点,选用合适的原位测试方法和勘察设备进行原位测试。原位测试成果应与室内试验数据进行对比分析,检验其可靠性。

(2)设计人的试验室应通过行业管理部门认可的CMA计量认证,具有相应的资格证书、试验人员和试验条件,否则应委托第三方试验室进行室内试验。

(3)设计人应在试验之前按照要求清点样品数目,认定取样质量及数量是否满足试验需要;勘察设备应检定合格,性能参数满足试验要求,严格按照规范标准的相应规定进行试验操作;试验之后应在有效期内保留备样,以备复核试验成果之用,并按规范标准规定处理余土和废液,符合环境保护、健康卫生等要求。

(4)试验报告的格式应符合CMA计量认证体系要求,加盖CMA章并由试验负责人签字确认;试验负责人应通过计量认证考核,并由项目负责人授权许可。

5.4.5 其他要求

(1)设计人应在勘察过程中重视地质环境对安全的影响,提交的勘察报告应真实、准确、可靠,满足工程安全生产的需要,并对勘察结论负责。

(2)设计人应对有可能引发公路工程安全隐患的地质灾害提出防治建议。

(3)工程勘察布点应参考发包人提供的资料。勘探点的数量、深度和位置可根据地质情况和现场条件依据规范进行调整,但应经发包人同意和批准。

(4)勘探过程中应认真记录每日工作内容,保存原始记录资料与数据,以供发包人检查和分析。

（5）在钻探过程中，如发包人根据规范需要更改取样间距与现场试验的要求，或更改钻孔深度，设计人应积极配合并安排实施。

（6）设计人在钻探过程中应对地下管线和构筑物进行相应保护，遇到地下文物时应及时向发包人和文物保护部门汇报并妥善保护。设计人在钻探过程中应采取有效的环境保护措施，避免对周围环境造成破坏或污染。

（7）设计人在进行外业勘察时，应采取有效措施避免对原有道路、桥梁、构造物及其他公共设施或地上附着物造成损坏或损伤。如造成损坏或损伤而引起的一切索赔、赔偿、诉讼费用和其他费用，由设计人自行承担。

5.5 勘察设备要求

5.5.1 设计人应按合同进度计划的要求，及时配置勘察设备进行作业。设计人更换合同约定的勘察设备的，应报发包人批准。

5.5.2 设计人应按照规范要求，及时维修、保养或更换勘察设备，包括并不限于钻机、触探仪、全站仪、水准仪、探测仪、测井平台、天平、固结仪、振筛机、干燥箱、直剪仪、收缩仪、膨胀仪、渗透仪等，保证勘察设备能够随时进场使用。

5.5.3 设计人使用的勘察设备不能满足合同进度计划和（或）质量要求时，发包人有权要求设计人增加或更换勘察设备，设计人应及时增加或更换，由此增加的费用和（或）周期延误由设计人自行承担。

5.6 临时占地和设施要求

5.6.1 设计人应根据勘察设计服务方案制订临时占地计划，报请发包人批准。

5.6.2 位于本工程区域内的临时占地，由发包人协调提供。位于道路、绿化或者其他市政设施内的临时占地，由设计人向行政管理部门报建申请，按照要求制订占地施工方案，并据此实施。

5.6.3 临时占地使用完毕后，设计人应按照发包人要求或行政管理部门规定恢复临时占地。如果恢复或清理标准不能满足要求的，发包人有权委托他人代为恢复或清理，由此发生的费用从拟支付给设计人的勘察设计费用中扣除。

5.6.4 设计人应配备或搭设足够的临时设施，保证勘探工作能够正常开展。临时设施包括并不限于施工围挡、交通疏导设施、安全防范设施、钻机防护设施、安全文明施工设施、办公生活用房、取样存放场所等。

5.6.5 临时设施应满足规范标准、发包人要求和行政管理部门的规定等。除专用合同条款另有约定外，临时设施的修建、拆除和恢复费用由设计人自行承担。

5.7 安全作业要求

5.7.1 设计人应按合同约定履行安全职责，执行发包人有关安全工作的指示，并在专用合同条款约定的期限内，按合同约定的安全工作内容，编制安全措施计划报送发包人批准。

5.7.2 设计人应严格执行操作规程,采取有效措施保证道路、桥梁、交通安全设施、建构筑物、地下管线、架空线和其他周边设施等安全正常地运行。

5.7.3 设计人应按照法律、法规和工程建设强制性标准进行勘察,加强勘察作业安全管理,特别加强易燃、易爆材料、火工器材、有毒与腐蚀性材料和其他危险品的管理。

5.7.4 设计人应严格按照国家安全标准制定施工安全操作规程,配备必要的安全生产和劳动保护设施,加强对设计人人员的安全教育,并且发放安全工作手册和劳动保护用具。

5.7.5 设计人应按发包人的指示制订应对灾害的紧急预案,报送发包人批准。设计人还应按预案做好安全检查,配置必要的救助物资和器材,切实保护好有关人员的人身和财产安全。

5.7.6 设计人应对其履行合同所雇用的全部人员,包括分包人人员的工伤事故承担责任,但由于发包人原因造成设计人人员工伤事故的,应由发包人承担责任。

5.7.7 由于设计人原因在施工场地内及其毗邻地带造成的第三者人员伤亡和财产损失,由设计人负责赔偿。

5.8 环境保护要求

5.8.1 设计人在履行合同过程中,应遵守有关环境保护的法律,履行合同约定的环境保护义务,并对违反法律和合同约定义务所造成的环境破坏、人身伤害和财产损失负责。

5.8.2 设计人应按合同约定的环保工作内容,编制环保措施计划,报送发包人批准。

5.8.3 设计人应确保勘探过程中产生的气体排放物、粉尘、噪声、地面排水及排污等,符合法律规定和发包人要求。

5.9 事故处理要求

5.9.1 合同履行过程中发生事故的,设计人应立即通知发包人。

5.9.2 发包人和设计人应立即组织人员和设备进行紧急抢救和抢修,减少人员伤亡和财产损失,防止事故扩大,并保护事故现场。需要移动现场物品时,应作出标记和书面记录,妥善保管有关证据。发包人和设计人应按国家有关规定,及时如实地向有关部门报告事故发生的情况,以及正在采取的紧急措施等。

5.10 勘察设计文件要求

5.10.1 勘察设计文件的编制应符合法律法规、规范标准的强制性规定和发包人要求,相关勘察设计依据应完整、准确、可靠,勘察设计方案论证充分,计算成果规范可靠,并能够实施。

5.10.2 勘察设计服务应根据法律、规范标准和发包人要求,保证工程的合理使用寿命年限,并在设计文件中予以注明。

5.10.3 勘察设计文件的深度应满足本合同相应勘察设计阶段的规定要求,满足发包人的下步工作需要,并应符合国家和行业现行规定。

5.10.4 勘察设计文件必须保证工程质量和施工安全等方面的要求,按照有关法律法规规定在勘察设计文件中提出保障施工作业人员安全和预防生产安全事故的措施建议。

5.10.5 勘察设计文件必须符合下列要求:

(1)勘察设计文件的编制必须严格执行国家基本建设程序、工程建设标准强制性条文及有关公路工程建设的法律、法规、规章、规范、标准、规程、定额和合同的要求。

(2)勘察设计文件的编制须符合国民经济、社会发展规划和产业政策,贯彻提高社会经济效益和促进技术进步的方针,实行资源综合利用,节约资源和能源,符合国家自然风景区、城市、集镇、村庄规划和相关专业规划,符合国家有关劳动安全卫生、消防、抗震、人防规定。

(3)勘察设计文件必须保证工程质量和安全的要求,符合安全、适用、耐久、经济、美观的综合要求;并应特别注意沿线景观及沿线设施的协调性和符合环境保护、水土保持的要求。

5.10.6 设计人应根据批复的可行性研究报告和交通运输部《公路工程基本建设项目设计文件编制办法》规定的设计深度完成初步设计工作。初步设计文件经审查批复后,作为编制施工图设计文件和控制建设项目投资的依据。

5.10.7 若发包人或发包人上级主管部门认为需要进行技术设计,设计人应根据发包人要求,按交通运输部《公路工程基本建设项目设计文件编制办法》有关规定编制技术设计文件和修正概算,并通过发包人上级主管部门的审查。如果发包人在招标阶段已明确本项目包括技术设计并且在报价清单中已列有相应报价子目,则按设计人在报价清单中所报的相应费用支付;否则,对于发包人在项目实施过程中提出的技术设计,发包人应另行支付费用。

5.10.8 设计人应按批准的初步设计完成施工图设计工作,并接受发包人、咨询单位及发包人上级主管部门对施工图设计文件的审查,按审查意见修改施工图设计文件。设计人应在发包人规定的时间内完成施工图预算的编制,施工图设计文件及施工图预算应按各施工标段进行编制。施工图设计文件批复后,则作为编制施工招标文件的依据。

5.10.9 当发包人、咨询单位或上级主管部门认为需调用设计人的设计计算书时,设计人必须及时提供。

6. 开始勘察设计和完成勘察设计

6.1 开始勘察设计

6.1.1 符合专用合同条款约定的开始勘察设计条件的,发包人应提前7天向设计人发出开始勘察设计通知。勘察设计服务期限自开始勘察设计通知中载明的开始勘察设计日期起计算。勘察设计服务周期安排在专用合同条款中约定。

6.1.2 除专用合同条款另有约定外,因发包人原因造成合同签订之日起90天内未能发出开始勘察设计通知的,设计人有权提出价格调整要求,或者解除合同。发包人应承担由此增加的费用和(或)周期延误。

6.1.3 设计人应在接到中标通知书后14天内,针对勘察设计各个阶段工作内容向发包人提交具有可实施性、分项目的勘察设计详细工作大纲及进度计划,以及为完成本计划而建议采用的措施和说明(含电子文件一份),经批准后作为勘察设计合同文件的组成部分,是发包人对勘察设计进行项目管理的依据之一。

6.1.4 设计人在开展专题研究之前,应针对专题研究的具体内容提交详细的工作大纲(含电子文件一份),报发包人审核后实施,并作为勘察设计合同文件的组成部分。

6.1.5 发包人对设计人勘察设计详细工作大纲及进度计划、专题研究详细工作大纲的审查,并不免除设计人对本项目勘察设计(含专题研究)应承担的责任。

6.1.6 设计人应在每月月底向发包人提供进度报告,说明该月工作进展情况及下月计划安排,并根据发包人要求,参加发包人组织的月度工作例会。

6.2 发包人引起的周期延误

在履行合同过程中,由于发包人的下列原因造成勘察设计服务期限延误的,发包人应延长勘察设计服务期限并增加勘察设计费用,具体方法在专用合同条款中约定。

(1)合同变更;
(2)未按合同约定期限及时答复勘察设计事项;
(3)因发包人原因导致的暂停勘察设计;
(4)未按合同约定及时支付勘察设计费用;
(5)发包人提供的基准资料错误;
(6)未及时履行合同约定的相关义务;
(7)未能按照合同约定期限对勘察设计文件进行审查;
(8)发包人造成周期延误的其他原因。

6.3 设计人引起的周期延误

由于设计人原因造成周期延误,设计人应支付逾期违约金。逾期违约金的计算方法和最高限额在专用合同条款中约定。

6.4 行政管理部门引起的周期延误

由于行政管理部门审查延迟原因造成费用增加和(或)周期延误的,由发包人承担。

6.5 非人为因素引起的周期延误

6.5.1 由于出现专用合同条款规定的异常恶劣气候条件、不利物质条件等因素导致周期延误的,设计人有权要求发包人延长周期和(或)增加费用。

6.5.2 设计人发现地下文物或化石时,应按规定及时报告发包人和文物保护部门,并采取有效措施进行保护;设计人有权要求发包人延长周期和(或)增加费用。

6.6 完成勘察设计

6.6.1 设计人完成勘察设计服务之后,应根据法律、规范标准、合同约定和发包人要求编制勘察设计文件。

6.6.2 勘察设计文件是工程勘察设计的最终成果和施工的重要依据,应根据本工程的勘察设计内容和不同阶段的勘察设计任务、目的和要求等进行编制。勘察设计文件的内容和深度应满足对应阶段的规范要求。

6.6.3 除专用合同条款另有约定外,勘察设计文件包括纸质文件和电子文件两种形式,两者若有不一致时,应以纸质文件为准。纸质文件一式八份,应加盖单位章和项目负责人注册执业印章;电子文件中的文字为 WORD 格式、图形为 CAD 格式,并应使用光盘和 U 盘分别贮存。

6.7 提前完成勘察设计

6.7.1 根据发包人要求或者基于专业能力判断,设计人认为能够提前完成勘察设计的,可向发包人递交一份提前完成勘察设计建议书,包括实施方案、提前时间、勘察设计费用变动等内容。除专用合同条款另有约定之外,发包人接受建议书的,不因提前完成勘察设计而减少勘察设计费用;增加勘察设计费用的,所增费用由发包人承担。

6.7.2 发包人要求提前完成勘察设计但设计人认为无法实施的,应在收到发包人书面指示后 7 天内提出异议,说明不能提前完成的理由。发包人应在收到异议后 7 天内予以答复。任何情况下,发包人不得压缩合理的勘察设计服务期限。

6.7.3 由于设计人提前完成勘察设计而给发包人带来经济效益的,发包人可以在专用合同条款中约定设计人因此获得的奖励内容。

7. 暂停勘察设计

7.1 发包人原因暂停勘察设计

合同履行中发生下列情形之一的,设计人可向发包人发出通知,要求发包人采取有效措施予以纠正。发包人收到设计人通知后的 28 天内仍不履行合同义务时,设计人有权暂停勘察设计并通知发包人;发包人应承担由此导致的费用增加和(或)周期延误。

(1)发包人违约;
(2)发包人确定暂停勘察设计;
(3)合同约定由发包人承担责任的其他情形。

7.2 设计人原因暂停勘察设计

合同履行中发生下列情形之一的,发包人可向设计人发出通知暂停勘察设计,由此造成费用的增加和(或)周期延误由设计人承担:

(1)设计人违约;
(2)设计人擅自暂停勘察设计;
(3)合同约定由设计人承担责任的其他情形。

7.3 暂停期间的文件照管

不论由于何种原因引起暂停勘察设计的,暂停期间设计人应负责妥善保护已完部分的勘察设计文件,由此增加的费用由责任方承担。

8. 勘察设计文件

8.1 勘察设计文件接收

8.1.1 发包人应及时接收设计人提交的勘察设计文件。如无正当理由拒收的,视为发包人已经接收勘察设计文件。

8.1.2 发包人接收勘察设计文件时,应向设计人出具文件签收凭证,凭证内容包括文件名称、文件内容、文件形式、份数、提交和接收日期、提交人与接收人的亲笔签名等。

8.1.3 勘察设计文件提交的份数、内容、纸幅、装订格式、电子文件、展板、模型、沙盘、动画等要求,在专用合同条款中约定。

8.2 发包人审查勘察设计文件

8.2.1 发包人接收勘察设计文件之后,可以自行或者组织专家会进行审查,设计人应给予配合。审查标准应符合法律、规范标准、合同约定和发包人要求等;审查的具体范围、明细内容和费用分担原则,在专用合同条款中约定。

8.2.2 除专用合同条款另有约定外,发包人对于勘察设计文件的审查期限,自文件接收之日起不应超过14天。发包人逾期未作出审查结论且未提出异议的,视为设计人的勘察设计文件已经通过发包人审查。

8.2.3 发包人审查后不同意勘察设计文件的,应以书面形式通知设计人,说明审查不通过的理由及其具体内容。设计人应根据发包人的审查意见修改完善勘察设计文件,并重新报送发包人审查,审查期限重新起算。

8.3 审查机构审查勘察设计文件

8.3.1 勘察设计文件需经政府有关部门审查或批准的,发包人应在审查同意后,按照有关主管部门要求,将勘察设计文件和相关资料报送审查机构进行审查。发包人的审查和审查机构的审查不减免设计人因为质量问题而应承担的勘察设计责任。

8.3.2 对于审查机构的审查意见,如不需要修改发包人要求的,应由设计人按照审查意见修改完善勘察设计文件;如需修改发包人要求的,则由发包人重新修改和提出发包人要求,再由设计人根据新的发包人要求修改完善勘察设计文件。

8.3.3 由于自身原因造成勘察设计文件未通过审查机构审查的,设计人应承担违约责任,采取补救措施直至达到合同约定的质量标准,并自行承担由此导致的费用增加和(或)周期延误。

9. 勘察设计责任与保险

9.1 工作质量责任

9.1.1 勘察设计工作质量应满足法律规定、规范标准、合同约定和发包人要求等。

9.1.2 设计人应做好勘察设计服务的质量与技术管理工作,建立健全内部质量管理体系和质量责任制度,加强勘察设计服务全过程的质量控制,建立完整的勘察设计文件的设计、复核、审核、会签和批准制度,明确各阶段的责任人。

9.1.3 设计人应强化现场作业质量和试验工作管理,保证原始记录和试验数据的可靠性、真实性和完整性,严禁离开现场进行追记、补记和修改记录。

9.1.4 设计人应按合同约定对勘察设计服务进行全过程的质量检查和检验,并作详细记录,编制勘察设计工作质量报表,报送发包人审查。

9.1.5 发包人有权对勘察设计工作质量进行检查和审核。设计人应为发包人的检查和检验提供方便,包括发包人到勘察设计场地、试验室或合同约定的其他地方进行察看,查阅、审核勘察设计的原始记录和其他文件。发包人的检查和审核,不免除设计人按合同约定应负的责任。

9.2 勘察设计文件错误责任

9.2.1 勘察设计文件存在错误、遗漏、含混、矛盾、不充分之处或其他缺陷,无论设计人是否通过了发包人审查或审查机构审查,设计人均应自费对前述问题带来的缺陷和工程问题进行改正,但因第1.6.2项约定由发包人提供的文件错误导致的除外。

9.2.2 因设计人原因造成勘察设计文件不合格的,发包人有权要求设计人采取补救措施,直至达到合同要求的质量标准,并按第14.1款的约定承担责任。

9.2.3 因发包人原因造成勘察设计文件不合格的,设计人应当采取补救措施,直至达到合同要求的质量标准,由此造成的勘察设计费用增加和(或)勘察设计服务期限延误由发包人承担。

9.3 勘察设计责任主体

9.3.1 设计人应运用一切合理的专业技术、知识技能和项目经验,按照职业道德准则和行业公认标准尽其全部职责,勤勉、谨慎、公正地履行其在本合同项下的责任和义务。

9.3.2 本工程施行质量责任终身制。设计人应书面明确相应的项目负责人和质量负责人。设计人的相关人员按照国家法律法规和有关规定在工程合理使用年限内承担相应的质量责任。

9.3.3 设计人应按照相关规定,做好设计交底、设计变更和后续服务工作,保障设计意图在施工中得以贯彻落实,及时处理施工中与设计相关的质量技术问题。

9.3.4 本工程交工验收前,设计人应对工程建设内容是否满足设计要求、是否达到使用功能等方面进行综合检查和分析评价,向发包人出具工程设计符合性评价意见。

9.3.5 设计人应依法规范分包行为,并对承担的工程质量负总责,分包单位对分包合同范围内的工程质量负责。

9.4 勘察设计责任保险

9.4.1 除专用合同条款另有约定外,设计人应具有发包人认可的、履行本合同所需要的工程勘察设计责任险,于合同签订后28天内向发包人提交工程勘察设计责任险的保险单副本或者其他有效证明,并在合同履行期间保持足额、有效。

9.4.2 工程勘察设计责任险的保险范围,应当包括由于设计人的疏忽或过失而造成的工程质量事故损失,以及由于事故引发的第三者人身伤亡、财产损失或费用赔偿等。

9.4.3 发生工程勘察设计保险事故后,设计人应按保险人要求进行报告,并负责办理保险理赔业务;保险金不足以补偿损失的,由设计人自行补偿。

10. 招标和施工期间配合

10.1 招标期间配合

10.1.1 招标配合指设计人配合发包人进行各项招标工作。

10.1.2 招标人应按发包人规定的时间提供各标段施工招标资格预审所需的工程数量和工程说明;按发包人规定的时间提供各标段的施工招标图纸、工程量清单和参考资料;按发包人要求安排相关人员参加标前会,就有关设计问题进行答疑。

10.2 施工期间配合

10.2.1 施工配合指设计人配合施工承包人,在施工期间提供的补充勘察、设计服务或其他配合工作,直至工程通过竣工验收为止。

10.2.2 除专用合同条款另有约定外,发包人应为设计人派赴施工现场的工作人员,在施工期间提供办公房间、办公桌椅、互联网接口、冷暖设施、生活设施、进出现场交通服务和其他便利条件。

10.2.3 设计人应在本工程的施工期间,积极提供勘察设计配合服务,包括并不限于设计技术交底、施工现场服务、参与施工过程验收、参与工程交工验收、参与工程竣工验收等工作。

10.2.4 发包人应当组织设计技术交底会,由设计人向发包人、监理人和施工承包人等进行设计交底,对本工程的设计意图、设计文件和施工要求等进行系统的说明和解释。

10.2.5 工程施工完毕后,发包人应当按有关规定组织工程交工验收和工程竣工验收,设计人参加验收并出具本单位的验收结论。如因勘察设计原因致使工程不合格的,设计人应当承担违约责任,免费修改勘察设计文件和赔偿发包人由此产生的经济损失。

10.2.6 设计人应在施工现场设立代表处或派驻经验丰富的设计代表常驻施工现场,做好施工现场服务,并负责解决施工过程中出现的设计问题:

(1)开工前在发包人指定的时间内,做好设计文件的技术交底工作和现场控制点的交接工作(交桩);

(2)在发包人规定的时间内,及时处理与解决施工中与设计有关的问题;

(3)在发包人规定的时间内,积极配合发包人对施工及设计方案进行优化设计;

(4)参与工程质量事故分析,并对因设计造成的质量事故,提出相应的技术处理方案;

(5)参加本工程的交工、竣工验收,提交设计工作报告,并配合质量监督部门校核工程是否按施工图设计施工。

发包人对设计代表的数量和资历条件有特定要求的,在专用合同条款中约定。设计人应按发包人提出的要求派驻设计代表,否则按违约处理。

若发包人在工作中发现设计代表不称职或有违法行为时,有权提出更换,设计人应在发包人提出更换通知的7天内完成更换工作并使发包人满意。

10.2.7 本项目设计变更的勘察设计由设计人承担,设计人应及时完成勘察设计,提交设计变更文件,并对设计变更文件承担相应责任。除本合同第11条规定之外的设计变更,其勘察设计费用应视为已含入合同价格中,发包人不再另行支付。所有设计变更必须提供预算金额并由设计代表签字确认。

11. 合同变更

11.1 变更情形

11.1.1 合同履行中发生下述情形时,合同一方均可向对方提出变更请求,经双方协商一致后进行变更,勘察设计服务期限和勘察设计费用的调整方法在专用合同条款中约定。

(1)勘察设计范围发生变化;

(2)除不可抗力外,非设计人的原因引起的周期延误;

(3)非设计人的原因,对工程同一部分重复进行勘察设计;

(4)非设计人的原因,对工程暂停勘察设计及恢复勘察设计。

11.1.2 基准日后,因颁布新的或修订原有法律、法规、规范和标准等引发合同变更情形的,按照上述约定进行调整。

11.2 合理化建议

11.2.1 合同履行中,设计人可对发包人要求提出合理化建议。合理化建议应以书面形式提交发包人,被发包人采纳并构成变更的,执行第11.1款约定。

11.2.2 设计人提出的合理化建议降低了工程投资、缩短了施工期限或者提高了工程经济效益的,发包人应按专用合同条款中的约定给予奖励。

12. 合同价格与支付

12.1 合同价格

12.1.1 本合同的报价方式、价格调整方式和风险范围划分,在专用合同条款中约定。

12.1.2 勘察设计费用实行发包人签证制度,即设计人完成勘察设计项目后通知发包人进行验收,通过验收后由发包人代表对实施的勘察设计项目、数量、质量和实施时间签字确认,以此作为计算勘察设计费用的依据之一。

12.1.3 除专用合同条款另有约定外,合同价格应当包括收集资料,踏勘现场,制订纲要,进行测绘、勘探、取样、试验、测试、分析、设计、评估、审查等,编制勘察设计文件,招标与施工配合等全部费用和国家规定的各项税费。

12.1.4 发包人要求设计人进行外出考察、试验检测、专项咨询或专家评审时,相应费用不含在合同价格之中,由发包人另行支付。

12.1.5 设计人为联合体的,发包人应根据勘察设计工作进展向联合体牵头人支付勘察设计费用,由联合体牵头人根据联合体各成员及分包人(如有)实际完成的工作量及完成质量,向联合体各成员及分包人支付合同价款,由此发生的税费等费用统一包含在合同价格内,发包人不另行支付。联合体牵头人提出书面申请时,发包人也可直接向联合体各成员支付合同价款。

12.1.6 发包人向设计人实际支付的勘察设计费,将不高于初步设计审批概算中相应勘察设计费的审批额,除非勘察设计费审批额依法予以调整。勘察设计费超出审批额部分发包人将予以扣除,合同价格相应变更,不足部分发包人将不另行支付。

12.2 预付款

12.2.1 预付款应专用于本工程的勘察设计。预付款的额度、支付方式在专用合同条款中约定。设计人无须向发包人提交预付款保函,但设计人提交的履约保证金对预付款的正常使用承担保证责任。

12.2.2 发包人应在收到预付款支付申请后 28 天内,将预付款支付给设计人;设计人应当提供等额的增值税专用发票。

12.3 中期支付

12.3.1 设计人应按发包人批准或专用合同条款约定的格式及份数,向发包人提交中期支付申请,并附相应的支持性证明文件。

12.3.2 发包人应在收到中期支付申请后的 28 天内,将应付款项支付给设计人;设计人应当提供等额的增值税专用发票。发包人未能在前述时间内完成审批或不予答复的,视为发包人同意中期支付申请。发包人不按期支付的,按专用合同条款的约定支付逾期付款违约金。

12.3.3 中期支付涉及政府投资资金的,按照国库集中支付等国家相关规定和专用合同条款的约定执行。

12.4 费用结算

12.4.1 合同工作完成后,设计人应按专用合同条款约定的份数和期限,向发包人提交勘察设计费用结算申请,并提供相关证明材料。

12.4.2 发包人应在收到费用结算申请后的 28 天内,将应付款项支付给设计人;设计人应当提供等额的增值税专用发票。发包人未能在前述时间内完成审批或不予答复的,视为发包人同意费用结算申请。发包人不按期支付的,按专用合同条款的约定支付逾期付款违约金。

12.4.3 发包人对费用结算申请内容有异议的,有权要求设计人进行修正和提供补充资料,由设计人重新提交。设计人对此有异议的,按第 15 条的约定执行。

12.4.4 最终结清付款涉及政府投资资金的,按第 12.3.3 项的约定执行。

12.5 暂列金额

12.5.1 本合同的暂列金额在专用合同条款中约定。暂列金额应按发包人的书面指示全部或部分地使用,或根本不予动用。

12.5.2 如果使用暂列金额进行某项额外勘察设计工作、专题研究、审查和会务工作,其费用应按设计人投标报价中相应项目的基本单价和实际发生的工作量经发包人核定后支付,或者按实际发生的工作费用经发包人核实后支付。

12.6 质量保证金

为保证设计人的设计质量和设计服务,最后一批勘察设计成果文件经上级主管部门批复之后 28 天内,设计人应向发包人缴纳质量保证金。质量保证金可采用银行保函或现金、支票形式,金额应符合专用合同条款的规定。采用银行保函时,出具保函的银行须具有相应担保能力,且按照发包人批准的格式出具,所需费用由设计人承担,待项目交工证书签发后28天内返还给设计人。

13. 不可抗力

13.1 不可抗力的确认

13.1.1 不可抗力是指设计人和发包人在订立合同时不可预见,在履行合同过程中不可避免发生并不能克服的自然灾害和社会性突发事件,如地震、海啸、瘟疫、水灾、骚乱、暴动、战争和专用合同条款约定的其他情形。

13.1.2 不可抗力发生后,发包人和设计人应及时认真统计所造成的损失,收集不可抗力造成损失的证据。合同双方对是否属于不可抗力或其损失的意见不一致的,由合同双方协商确定。

13.2 不可抗力的通知

13.2.1 合同一方当事人遇到不可抗力事件,使其履行合同义务受到阻碍时,应立即通知合同另一方当事人,书面说明不可抗力和受阻碍的详细情况,并提供必要的证明。

13.2.2 如不可抗力持续发生,合同一方当事人应及时向合同另一方当事人提交中间报告,说明不可抗力和履行合同受阻的情况,并于不可抗力事件结束后28天内提交最终报告及有关资料。

13.3 不可抗力后果及其处理

13.3.1 不可抗力引起的后果及其损失,应由合同当事人依据法律规定各自承担。不可抗力发生前已完成的勘察设计工作,应当按照合同约定进行支付。

13.3.2 不可抗力发生后,合同当事人应当采取有效措施避免损失进一步扩大,如未采取有效措施致使损失扩大的,应当自行承担扩大部分的损失。

13.3.3 因一方当事人迟延履行合同义务,致使迟延履行期间遭遇不可抗力的,应由该当事人承担全部损失。

14. 违约

14.1 设计人违约

14.1.1 合同履行中发生下列情况之一的,属设计人违约:
(1)勘察设计文件不符合法律以及合同约定;
(2)设计人转包、违法分包或者未经发包人同意擅自分包;
(3)设计人未按合同计划完成勘察设计(发包人同意延期的除外);

（4）设计人无法履行或停止履行合同；

（5）在收到发包人或咨询单位或上级主管部门提出的审查意见后，设计人未在专用合同条款规定的期限内完成对勘察设计文件的修改；

（6）设计人在投标文件中承诺的或按合同文件约定的投入本项目的主要勘察设计人员发生变化（因不可抗力引起的人员变动除外）；

（7）设计人未按照本合同第10.1款规定提供招标期间的配合服务；

（8）设计人未及时选派合格的设计代表进驻施工现场，或未能在发包人和设计人约定的时间内给予答复、完成变更设计；

（9）因勘察设计深度不够、资料不足、方案缺陷以及勘察设计质量低劣而被要求返工；

（10）因勘察设计深度不够、资料不足、方案缺陷或质量低劣导致未通过上级主管部门的审查，或导致本项目造价调整率超过专用合同条款中约定的比例；

（11）由于设计人的过失或责任引起本项目发生重大设计变更、较大设计变更或单个合同段因变更引起的工程费用调整累计超过专用合同条款中约定的比例，导致施工工期拖延或者给发包人造成经济损失。重大设计变更及较大设计变更的划分标准参照《公路工程设计变更管理办法》的规定执行；

（12）由于设计人的过失或责任导致勘察设计质量事故；

（13）设计人不履行合同约定的其他义务。

14.1.2　设计人发生违约情况时，发包人可向设计人发出整改通知，要求其在限定期限内纠正；逾期仍不纠正的，发包人有权解除合同并向设计人发出解除合同通知。设计人应当承担由于违约所造成的费用增加、周期延误和发包人损失等。发包人有权向设计人课以专用合同条款中约定的违约金，并由发包人将其违约行为上报省级交通运输主管部门，作为不良记录纳入公路建设市场信用信息管理系统。

14.2　发包人违约

14.2.1　合同履行中发生下列情况之一的，属发包人违约：

（1）发包人未按合同约定支付勘察设计费用；

（2）发包人原因造成勘察设计停止；

（3）发包人无法履行或停止履行合同；

（4）由于发包人变更勘察设计项目、规模、条件，或未按合同约定提供勘察设计必需的资料，造成勘察设计的返工、停工、窝工或修改设计；

（5）发包人无正当理由不按时返还履约保证金、质量保证金；

（6）发包人不履行合同约定的其他义务。

14.2.2　发包人发生违约情况时，设计人可向发包人发出暂停勘察设计通知，要求其在限定期限内纠正；逾期仍不纠正的，设计人有权解除合同并向发包人发出解除合同通知。发包人应当承担由于违约所造成的费用增加、周期延误和设计人损失等。设计人有权向发包人课以专用合同条款中约定的违约金。

14.3　第三人造成的违约

在履行合同过程中,一方当事人因第三人的原因造成违约的,应当向对方当事人承担违约责任。一方当事人和第三人之间的纠纷,依照法律规定或者按照约定解决。

15. 争议的解决

15.1　发包人和设计人在履行合同中发生争议的,可以友好协商解决。合同当事人友好协商解决不成的,可在专用合同条款中约定按下列一种方式解决:

(1)向约定的仲裁委员会申请仲裁;

(2)向有管辖权的人民法院提起诉讼。

15.2　采用仲裁方式最终解决争议的项目,仲裁裁决是终局性的并对发包人和设计人双方均具有约束力。全部仲裁费用应由败诉方承担,或按仲裁委员会裁决的比例分担。

第二节 专用合同条款[①]

说明：

1. 招标人在根据《公路工程标准勘察设计招标文件》编制项目招标文件中的"专用合同条款"时，可根据招标项目的具体特点和实际需要，对"通用合同条款"进行补充、细化。在"专用合同条款"中补充或细化的内容，不得违反法律、行政法规的强制性规定和平等、自愿、公平和诚实信用原则。

2. 专用合同条款的编号应与通用合同条款一致。

[①] 《公路工程标准勘察设计招标文件》中专用合同条款仅为示例，招标人可根据项目具体特点和实际情况进行修改。

根据本项目的具体情况,对通用合同条款的内容作如下补充、细化:

1. 一般约定

1.1 词语定义

1.1.2.2 发包人:_____。

1.1.3.1 本次进行勘察设计招标的项目为_____公路工程。

1.6 文件的提供和照管

1.6.2 发包人负责提供的文件包括:_____,提供数量:_____,提供期限:_____。

3. 发包人管理

3.2 监理人

3.2.1 本工程是否委托监理人进行勘察设计监理:_____。

如进行勘察设计监理,监理人的监理范围包括:_____;职责权限:_____;总监理工程师:_____。

3.4 决定或答复

3.4.2 发包人应在收到设计人书面提出的事项后_____天内作出书面答复。

5. 勘察设计要求

5.3 勘察设计范围

5.3.2 工程范围包括:_____。

5.3.3 阶段范围包括:_____。

5.3.4 工作范围包括:_____。

5.7 安全作业要求

5.7.1 设计人编制安全措施计划的期限:_____。

6. 开始勘察设计和完成勘察设计

6.1 开始勘察设计

6.1.1 满足以下条件时,发包人应向设计人发出开始勘察设计通知:_____。

勘察设计服务周期安排:_____。

6.2 发包人引起的周期延误

由于发包人原因造成勘察设计服务期限延误的,延长勘察设计服务期限的计算方法:_____;增加勘察设计费用的计算方法:_____。

6.3 设计人引起的周期延误

逾期违约金的计算方法:_____;逾期违约金的最高限额:_____。

6.5 非人为因素引起的周期延误

6.5.1 异常恶劣气候条件包括:_____;不利物质条件包括:_____。

6.7 提前完成勘察设计

6.7.3 由于设计人提前完成勘察设计而给发包人带来经济效益的,发包人给予设计人如下奖励:_____。

8. 勘察设计文件

8.1 勘察设计文件接收

8.1.3 勘察设计文件提交要求:
(1)合同签订后____个月内,通过初测、初勘外业验收并提交初测、初勘报告送审稿____份;
(2)初测、初勘外业验收后____个月内,提交初步设计文件送审稿____份;
(3)初步设计文件批复后____个月内,通过详勘、定测外业验收并提交详勘、定测报告送审稿____份;
(4)合同签订后____个月内,陆续提交各专题研究报告送审稿____份;
(5)详勘、定测外业验收后____个月内,提交主体土建工程(包括____工程)施工图设计文件送审稿____份;其余工程的施工图设计文件根据工程项目进展及发包人要求进行提供;
(6)根据咨询单位、发包人和上级主管部门审查意见,对勘察报告、各设计文件及专题研究报告进行修改完善,提交勘察报告、初步设计文件和专题研究报告最终稿各____

份,施工图设计文件最终稿每标段各____份;

（7）根据发包人招标工作进度的需要,分批提交开展施工招标工作所需的图纸、工程量清单、参考资料、施工专用技术规范等招标资料（每标段____份）。

（8）征地拆迁图编绘:初步设计文件批复后____天内完成;

（9）施工现场配合服务:从项目开工至项目竣工验收,施工期暂定____年;缺陷责任期____年。

设计人还应向发包人提交最终成果的书面计算书一份,各阶段勘察报告、设计文件及专题研究报告的电子版一份。

8.2 发包人审查勘察设计文件

8.2.1 发包人审查勘察设计文件的具体范围:_____;明细内容:_____;费用分担原则:_____。

10. 招标和施工期间配合

10.2 施工期间配合

10.2.6 本项目对设计代表的数量和资历条件要求:常驻施工现场的设计代表应不少于____名,其中至少有____专业____名,____专业____名,……;设计代表应由负责本勘察设计项目的上述专业分项负责人或项目负责人担任。

11. 合同变更

11.1 变更情形

11.1.1 合同变更时,勘察设计服务期限的调整方法:_____;勘察设计费用的调整方法:_____。

11.2 合理化建议

11.2.2 设计人提出的合理化建议降低了工程投资、缩短了施工期限或者提高了工程经济效益的,发包人给予设计人如下奖励:_____。

12. 合同价格与支付

12.1 合同价格

12.1.1 本合同的报价方式: 总价合同或单价合同 。

在合同实施期间,由于人工、材料、设备等因素的市场价格变化导致本项目勘察设计费用变化,合同价格的调整方式和风险范围划分:_____。

合同计价模式为总价合同的,勘察设计费用支付阶段如下:

(1)合同签署后 28 天内,发包人向设计人支付勘察设计费用的____%作为预付款(本合同履行后,预付款抵作勘察设计费,不再扣回);

(2)初步设计文件按期完成后并送至发包人处,经发包人或上级主管部门审查、修改批准后,支付勘察设计费用的____%;

(3)主体土建工程施工图设计文件按期完成后并送至发包人处,经发包人或上级主管部门审查、修改批准后,支付勘察设计费用的____%;

(4)施工招标图纸、参考资料、工程量清单及施工专用技术规范按期完成后并送至发包人处,发包人施工招标完成并与施工单位签订施工合同之后,支付勘察设计费用的____%;

(5)全部工程施工图设计文件均按期完成并送至发包人处,经发包人或上级主管部门审查、修改批准后,向设计人支付至勘察设计费用的____%;

(6)施工配合期内各年度末,发包人每年向设计人支付勘察设计费用的____%;

(7)本项目交工证书签发后 28 天内,发包人向设计人退还质量保证金。

合同计价模式为单价合同的,勘察设计费用支付阶段如下:

(1)合同签署后 28 天内,发包人向设计人支付勘察设计费用的____%作为预付款(本合同履行后,预付款抵作勘察设计费,不再扣回);

(2)本项目勘察设计工作采用综合单价计价,报价清单中所列工作量是预估数量,仅作为投标的共同基础,不能作为最终结算支付的依据;实际支付应按实际完成并经发包人确认的工作量和报价清单的单价计算支付金额;

(3)初步设计文件按期完成后并送至发包人处,经发包人或上级主管部门审查、修改批准后,支付初步设计阶段勘察设计费用的____%;

(4)主体土建工程施工图设计文件按期完成后并送至发包人处,经发包人或上级主管部门审查、修改批准后,支付施工图设计阶段勘察设计费用的____%;

(5)全部工程施工图设计文件均按期完成并送至发包人处,经发包人或上级主管部门审查、修改批准后,向设计人支付至所有勘察设计费用的____%;

(6)施工配合期内各年度末,发包人每年向设计人支付勘察设计费用的____%;

(7)本项目交工证书签发后 28 天内,发包人向设计人退还质量保证金。

12.2 预付款

12.2.1 预付款的额度、支付方式:_____。

12.3 中期支付

12.3.1 中期支付申请的格式及份数:_____。

12.3.2 逾期付款违约金：每延期支付1天，发包人应付给设计人拖欠金额的____‰[①]的违约金。

12.3.3 中期支付涉及政府投资资金的，支付规定如下：____。

12.4 费用结算

12.4.1 勘察设计费用结算申请的份数和提交期限：____。

12.4.2 逾期付款违约金：每延期支付1天，发包人应付给设计人拖欠金额的____‰[②]的违约金。

12.5 暂列金额

12.5.1 本合同的暂列金额为工程勘察设计费的____%。

12.6 质量保证金

本项目的质量保证金为勘察设计费用总额的____%。[③]

14. 违约

14.1 设计人违约

14.1.1 （10）施工图预算超过初步设计概算的____%，或工程竣工决算超过施工图预算的____%；

（11）单个合同段因变更引起的工程费用调整累计超过该合同段合同价的____%。

14.1.2 设计人发生违约情况时，发包人有权向设计人课以违约金，具体约定如下：____。

14.2 发包人违约

14.2.2 发包人发生违约情况时，设计人有权向发包人课以违约金，具体约定如下：____。

15. 争议的解决

15.1 争议的最终解决方式：<u>仲裁或诉讼</u>。

如采用仲裁，仲裁机构名称：_____仲裁委员会。

如采用诉讼，诉讼机构名称：_____法院。

[①] 按中国人民银行发布的同期6个月以内(含6个月)短期贷款基准利率加手续费计算。招标人不能自行取消本款内容或降低利率。

[②] 按中国人民银行发布的同期6个月以内(含6个月)短期贷款基准利率加手续费计算。招标人不能自行取消本款内容或降低利率。

[③] 质量保证金最高不超过勘察设计费用总额的3%。发包人可根据招标项目所在地省级交通运输主管部门的有关规定，对信用等级较高的设计人，在质量保证金方面给予一定额度的优惠。

第三节 合同附件格式

附件一　合同协议书

合同协议书

　　_____（发包人名称,以下简称"发包人"）为实施_____（项目名称）,已接受_____（设计人名称,以下简称"设计人"）对该项目_____标段勘察设计的投标。发包人和设计人共同达成如下协议。

　　1. 第____标段由 K____+____至 K____+____,长约____km,公路等级为____,设计速度为____,____路面,有____立交____处;特大桥____座,计长____m;大中桥____座,计长____m;隧道____座,计长____m 以及其他构造物工程等。

　　2. 下列文件应视为构成合同文件的组成部分：

　　（1）本合同协议书及各种合同附件（含评标期间和合同谈判过程中的澄清文件和补充资料；设计人提交的经发包人审核通过的勘察设计详细工作大纲及进度计划、专题研究详细工作大纲等）；

　　（2）中标通知书；

　　（3）投标函；

　　（4）专用合同条款；

　　（5）通用合同条款；

　　（6）发包人要求；

　　（7）勘察设计费用清单；

　　（8）设计人有关人员投入的承诺；

　　（9）其他合同文件。

　　上述合同文件互相补充和解释。如果合同文件之间存在矛盾或不一致之处,以上述文件的排列顺序在先者为准。

　　3. 签约合同价：人民币（大写）_____元（¥_____）。

　　4. 项目负责人：_____。

　　5. 勘察设计工作质量符合的标准和要求：_____；安全目标：_____。

　　6. 设计人承诺按合同约定承担工程的勘察设计工作,包括_____。

　　7. 发包人承诺按合同约定的条件、时间和方式向设计人支付合同价款。

　　8. 设计人计划开始勘察设计日期：_____,实际日期按照发包人在开始勘察设计通知中载明的开始勘察设计日期为准。勘察设计服务期限为____天。

　　9. 本协议书在设计人提供履约保证金后,由双方法定代表人或其委托代理人签署并加盖单位章后生效。设计人完成全部勘察设计工作且勘察设计费用结清后失效。

　　10. 本协议书正本二份、副本____份,合同双方各执正本一份,副本____份,当正本与副本的内容不一致时,以正本为准。

　　11. 合同未尽事宜,双方另行签订补充协议。补充协议是合同的组成部分。

发包人：_____（盖单位章）　　设计人：_____（盖单位章）
法定代表人或其委托代理人：____（签字）　　法定代表人或其委托代理人：____（签字）

　　　　____年___月___日　　　　　　　　　　　____年___月___日

附件二 廉政合同

廉 政 合 同

根据《关于在交通基础设施建设中加强廉政建设的若干意见》以及有关工程建设、廉政建设的规定,为做好工程建设中的党风廉政建设,保证工程建设高效优质,保证建设资金的安全和有效使用以及投资效益,＿＿＿＿＿＿(项目名称)的项目法人＿＿＿＿＿＿(项目法人名称,以下简称"发包人")与该项目＿＿＿标段的勘察设计单位＿＿＿＿＿＿(勘察设计单位名称,以下简称"设计人"),特订立如下合同。

1. 发包人和设计人双方的权利和义务

(1)严格遵守党的政策规定和国家有关法律法规及交通运输部的有关规定。

(2)严格执行＿＿＿＿＿＿(项目名称)＿＿＿标段勘察设计合同文件,自觉按合同办事。

(3)双方的业务活动坚持公开、公正、诚信、透明的原则(法律认定的商业秘密和合同文件另有规定除外),不得损害国家和集体利益,不得违反工程建设管理规章制度。

(4)建立健全廉政制度,开展廉政教育,设立廉政告示牌,公布举报电话,监督并认真查处违法违纪行为。

(5)发现对方在业务活动中有违反廉政规定的行为,有及时提醒对方纠正的权利和义务。

(6)发现对方严重违反本合同义务条款的行为,有向其上级有关部门举报、建议给予处理并要求告知处理结果的权利。

2. 发包人的义务

(1)发包人及其工作人员不得索要或接受设计人的礼金、有价证券和贵重物品,不得让设计人报销任何应由发包人或发包人工作人员个人支付的费用等。

(2)发包人工作人员不得参加设计人安排的超标准宴请和娱乐活动;不得接受设计人提供的通信工具、交通工具和高档办公用品等。

(3)发包人及其工作人员不得要求或者接受设计人为其住房装修、婚丧嫁娶活动、配偶子女的工作安排以及出国出境、旅游等提供方便等。

(4)发包人工作人员及其配偶、子女、亲属不得从事与本勘察设计合同有关的勘察设计业务等活动。不得以任何理由要求设计人和相关单位在设计中使用某种产品、材料和设备。

(5)发包人工作人员要秉公办事,不准营私舞弊,不准利用职权从事各种个人有偿中介活动和安排个人勘察设计队伍。

3. 设计人的义务

(1)设计人不得以任何理由向发包人及其工作人员行贿或馈赠礼金、有价证券、贵重礼品。

(2)设计人不得以任何名义为发包人及其工作人员报销应由发包人单位或个人支

付的任何费用。

（3）设计人不得以任何理由安排发包人工作人员参加超标准宴请及娱乐活动。

（4）设计人不得为发包人单位和个人购置或提供通信工具、交通工具和高档办公用品等。

4. 违约责任

（1）发包人及其工作人员违反本合同第1、2条，按管理权限，依据有关规定给予党纪、政纪或组织处理；涉嫌犯罪的，移交司法机关追究刑事责任；给设计人单位造成经济损失的，应予以赔偿。

（2）设计人及其工作人员违反本合同第1、3条，按管理权限，依据有关规定给予党纪、政纪或组织处理；给发包人单位造成经济损失的，应予以赔偿；情节严重的，发包人建议交通运输主管部门给予设计人一至三年内不得进入其主管的公路建设市场的处罚。

5. 双方约定：本合同由双方或双方上级单位的纪检监察部门负责监督执行。由发包人或发包人上级单位的纪检监察部门约请设计人或设计人上级单位纪检监察部门对本合同执行情况进行检查，提出在本合同规定范围内的裁定意见。

6. 本合同有效期为合同双方签署之日起至勘察设计合同失效日止。

7. 本合同作为_____（项目名称）____标段勘察设计合同的附件，与勘察设计合同具有同等的法律效力，经合同双方签署后立即生效。

8. 本合同一式四份，由发包人和设计人各执一份，送交发包人和设计人的监督单位各一份。

发包人：_____（盖单位章）   设计人：_____（盖单位章）
法定代表人或其委托代理人：____（签字）   法定代表人或其委托代理人：____（签字）
　　　　　____年____月____日   　　　　　____年____月____日

发包人监督单位：__（全称）（盖单位章）   设计人监督单位：__（全称）（盖单位章）

附件三 分项负责人最低要求[①]

人　员	数　量	资　格　要　求

[①] a. 招标人应在招标文件中规定若投标人在所投标段中标需派驻的各专业分项负责人。上述人员的具体人选由招标人和中标人在合同谈判阶段确定，且经招标人审批后作为派驻本标段的主要人员，不允许更换。如中标人拟派驻的人员数量和资格条件不满足本表要求，招标人应取消其中标资格。

　b. 本表不适用于已按资格预审文件或招标文件要求提供了各专业分项负责人的特别复杂的特大桥梁和特长隧道项目主体工程以及其他有特殊要求的工程。

附件四 履约保证金格式

如采用银行保函,格式如下。

履约保证金

_____(发包人名称):

鉴于_____(发包人名称,以下简称"发包人")接受_____(设计人名称,以下简称"设计人")于_____年___月___日参加_____(项目名称)标段勘察设计的投标。我方愿意无条件地、不可撤销地就设计人履行与你方订立的合同,向你方提供担保。

1. 担保金额人民币(大写)_____元(¥_____)。

2. 担保有效期自发包人与设计人签订的合同生效之日起至发包人签收最后一批勘察设计成果文件且设计人按照合同约定缴纳质量保证金之日止。①

3. 在本担保有效期内,如果设计人不履行合同约定的义务或其履行不符合合同的约定,我方在收到你方以书面形式提出的在担保金额内的赔偿要求后,在 7 日内无条件支付,无须你方出具证明或陈述理由。

4. 发包人和设计人变更合同时,无论我方是否收到该变更,我方承担本担保规定的义务不变。

担 保 人:_____(盖单位章)
法定代表人或其委托代理人:_____(签字)
地　　址:_____
邮政编码:_____
电　　话:_____
传　　真:_____
　　　　　　_____年___月___日

---

① 本条内容可修改为:"本担保自_____(生效日期)之日起生效,至_____(失效日期)之日失效。"如发包人接受履约保函采用固定有效期,在专用合同条款中应增加保证设计人在履约保函失效日前向发包人出具后续阶段履约保函的约束性条款,直至发包人签收最后一批勘察设计成果文件且设计人按照合同约定缴纳质量保证金之日为止。

第 二 卷

第五章 发包人要求[1]

---

[1] 招标人可结合招标项目具体特点和实际需要,对本章内容进行补充、细化。

发包人要求

发包人要求应尽可能清晰准确,对于可以进行定量评估的工作,发包人要求不仅应明确规定其功能、用途、质量、环境、安全,并且要规定检验、试验、试运行的具体要求(如有)。对于设计人负责提供的有关服务,在发包人要求中应一并明确规定。

发包人要求通常包括但不限于以下内容。

一、勘察设计要求

招标人应当根据项目情况在本章中明确相应的勘察设计要求,一般应包括以下内容:

1. 项目概况

包括项目名称、建设单位、建设规模、技术标准、项目地理位置、周边环境、相关区域路网现状及规划(包括道路及交通工程设施现状及规划)、文物情况、地质地貌、水文、气候及气象条件等。

2. 勘察设计范围及内容

3. 勘察设计依据

4. 项目使用功能的要求

5. 勘察设计人员和设备要求

6. 其他要求

二、适用规范标准

本工程的勘察设计过程和成果必须符合国家有关工程建设标准强制性条文和交通运输部关于公路勘察设计方面现行的标准、规范、规程、定额、办法、示例以及招标项目所在地关于公路工程勘察设计方面的文件、规定。

设计人在勘察设计工作中使用或参考上述标准、规范以外的技术标准、规范时,应征得发包人或发包人指定代表人的同意。

在设计过程中,如果国家或有关部门颁布了新的技术标准或规范,则设计人应采用新的标准或规范进行勘察设计。

设计人在勘察设计工作中必须使用中华人民共和国《工程建设标准强制性条文》(公路工程部分)和下述标准、规范(不限于):

1. (JTG B01—2014)   《公路工程技术标准》
2. (JTJ 002—87)   《公路工程名词术语》
3. (JTJ 003—86)   《公路自然区划标准》
4. (JTG/T B02-01—2008)   《公路桥梁抗震设计细则》
5. (JTG B03—2006)   《公路建设项目环境影响评价规范》
6. (JTG B04—2010)   《公路环境保护设计规范》

7. （JTG C10—2007）　《公路勘测规范》
8. （JTG C20—2011）　《公路工程地质勘察规范》
9. （JTG C30—2015）　《公路工程水文勘测设计规范》
10. （JTG E40—2007）　《公路土工试验规程》
11. （JTG D20—2017）　《公路路线设计规范》
12. （JTG/T D21—2014）　《公路立体交叉设计细则》
13. （JTG D30—2015）　《公路路基设计规范》
14. （JTG D50—2017）　《公路沥青路面设计规范》
15. （JTG D40—2011）　《公路水泥混凝土路面设计规范》
16. （JTG/T D33—2012）　《公路排水设计规范》
17. （JTG D60—2015）　《公路桥涵设计通用规范》
18. （JTG D61—2005）　《公路圬工桥涵设计规范》
19. （JTG D62—2004）　《公路钢筋混凝土及预应力混凝土桥涵设计规范》
20. （JTG D63—2007）　《公路桥涵地基与基础设计规范》
21. （JTG D64—2015）　《公路钢结构桥梁设计规范》
22. （JTG D70—2014）　《公路隧道设计规范》
23. （JTG D70/2—2014）　《公路隧道设计规范　第二册　交通工程与附属设施》
24. （JTG/T D70/2-01—2014）　《公路隧道照明设计细则》
25. （JTG/T D70/2-02—2014）　《公路隧道通风设计细则》
26. （JTG D81—2017）　《公路交通安全设施设计规范》
27. （JTG/T D81—2017）　《公路交通安全设施设计细则》
28. （JTG/T B07-01—2006）　《公路工程混凝土结构防腐蚀技术规范》
29. （JTG B05—2015）　《公路项目安全性评价规范》
30. （GB/T 50283—99）　《公路工程结构可靠度设计统一标准》
31. （GB 50162—92）　《道路工程制图标准》
32. （交公路发〔2007〕358号）　《公路工程基本建设项目设计文件编制办法》
33. （JTG B06—2007）　《公路工程基本建设项目概算预算编制办法》
34. （JTG/T B06-01—2007）　《公路工程概算定额》
35. （JTG/T B06-02—2007）　《公路工程预算定额》
36. （JTG/T B06-03—2007）　《公路工程机械台班费用定额》
37. （建标〔1999〕278号）　《公路建设项目用地指标》
38. （YD 2002—92）　《长途通信干线电缆线路工程设计规范》
39. （YD 5102—2010）　《通信线路工程设计规范》
40. （YDJ 44—89）　《电信网光纤数字传输系统工程施工及验收暂行技术规定》

41.（GB 50689—2011）　　　《通信局（站）防雷与接地设计工程技术规定》
42.（GB 50374—2006）　　　《通信管道工程施工及验收技术规范》
43.（GB 50198—2011）　　　《民用闭路监视电视系统工程技术规范》
44.（GB 50174—2008）　　　《电子信息系统机房设计规范》
45.（ITU-T）　　　　　　　　《国际电工协会系列标准》
46.（GB 50057—2010）　　　《建筑物防雷设计规范》
47.（JGJ 16—2008）　　　　 《民用建筑电气设计规范》
48.（YDJ 9—90）　　　　　　《市内通信全塑电缆线路工程设计规范》
49.（YD 5121—2010）　　　　《通信线路工程验收规范》
50.（GB 50168—2006）　　　《电气装置安装工程电缆线路施工及验收规范》
51.（JTG/T C10—2007）　　 《公路勘测细则》
52.（GB/T 20257.1—2007） 《1∶500　1∶1000　1∶2000 地形图图式》
53.（GB/T 13923—2006）　　《基础地理信息要素分类与代码》
54.（CH 1003—95）　　　　　《测绘产品质量评定标准》
55.（CH 1002—95）　　　　　《测绘产品检查验收规定》
56.（GB/T 18316—2008）　　《数字测绘成果质量检查与验收》
57.（建质〔2008〕216 号）　　《建筑工程设计文件编制深度规定》

三、成果文件要求

1.成果文件的组成：勘察设计说明、图纸等
2.成果文件的深度
3.成果文件的格式要求
4.成果文件的份数要求
5.成果文件的载体要求
（1）纸质版的要求
（2）电子版的要求
（3）其他要求
6.成果文件的展板、模型、沙盘、动画要求
7.成果文件的其他要求

四、发包人财产清单

（一）发包人提供的设备、设施
1.发包人提供的办公房屋及冷暖设施：如办公室数量及面积、空调等
2.发包人提供的设备清单：如计算机、投影、打印机、复印机等
3.发包人提供的设施清单：如办公桌椅、文件柜等
……
（二）发包人提供的资料

1. 施工场地及毗邻区域内的供水、排水、供电、供气、供热、通信、广播电视等地下管线资料,气象和水文观测资料,相邻建筑物和构筑物、地下工程的有关资料,以及其他与公路工程有关的原始资料

2. 定位放线的基准点、基准线和基准标高

3. 发包人取得的有关审批、核准和备案材料

4. 前一阶段研究或设计的成果文件及相应的批件

5. 发包人提供的技术标准、规范

6. 其他资料

……

(三)发包人财产使用要求及退还要求

1. 发包人财产使用要求

2. 发包人财产退还要求

……

五、发包人提供的便利条件

1. 发包人提供的生活条件

2. 发包人提供的交通条件

3. 发包人提供的网络、通信条件

4. 发包人提供的协助人员

……

六、设计人需要自备的工作条件

1. 设计人自备的工作手册:如本项目必备的规范标准、图集等

2. 设计人自备的办公设备:如计算机、软件、投影、打印机、复印机、照相机等

3. 设计人自备的交通工具:如出行车辆等

4. 设计人自备的现场办公设施:如办公桌椅、文件柜等

5. 设计人自备的安全设施:如安全帽、安全鞋、手电筒等

6. 设计人自备的勘察检测仪器、设备、工具

7. 设计人应根据勘察设计实际需要:

(1)自行搜集或购买全部地形图、地质图、规划图及所涉及的其他图纸或资料,自费进行工程测量、工程勘察、研究试验及有关协调(包括签订协议)、调查和资料搜集等工作;

(2)自行搜集或购买相关路网交通工程设施的配置资料(包括通信、监控、收费、供配电、照明等设施);沿线供电资料;沿线管线资料;沿线气象、环境、人文景观的有关资料;相关路网的管理运营体制资料;相关路网服务设施设置情况的资料;与交通工程相关的规划资料。

……

七、发包人的其他要求

发包人的其他要求：

……

第 三 卷

第六章 投标文件格式[①]

[①] 招标人可结合招标项目具体特点和实际需要,对本章内容进行补充、细化。

_____省(自治区、直辖市)

_____(项目名称)_____标段勘察设计招标

投 标 文 件

(商务文件)

投标人：_____(盖单位章)

_____ 年 ____ 月 ____ 日

目 录

一、投标函

二、授权委托书或法定代表人身份证明

三、联合体协议书

四、投标保证金

五、拟分包项目情况表

六、资格审查资料

七、其他资料

第六章 投标文件格式

一、投 标 函

_____（招标人名称）：

1. 我方已仔细研究_____（项目名称）_____标段勘察设计招标文件的全部内容（含补遗书第____号至第____号），在考察工程现场后，愿意以第二个信封（报价文件）中的投标总报价（或根据招标文件规定修正核实后确定的另一金额），按合同约定完成勘察设计工作。

2. 我方承诺在招标文件规定的投标有效期内不撤销投标文件。

3. 项目负责人姓名：_____，年龄：_____，职称：_____。

4. 质量要求：_____，安全目标：_____，勘察设计服务期限：_____。

5. 如我方中标，我方承诺：

（1）在收到中标通知书后，在中标通知书规定的期限内与你方签订合同；

（2）在签订合同时不向你方提出附加条件；

（3）按照招标文件要求提交履约保证金；

（4）在合同约定的期限内完成合同规定的全部义务；

（5）在你方和我方进行合同谈判之前，我方将按照合同附件提出的最低要求填报派驻本标段的分项负责人，经你方审批后作为派驻本标段的勘察设计主要人员且不进行更换。如我方拟派驻的人员不满足合同附件要求，你方有权取消我方中标资格。[①]

6. 我方在此声明，所递交的投标文件及有关资料内容完整、真实和准确，且不存在招标文件第二章"投标人须知"第1.4.3项和第1.4.4项规定的任何一种情形。

7. 在合同协议书正式签署生效之前，本投标函连同你方的中标通知书将构成我们双方之间共同遵守的文件，对双方具有约束力。

8. _____（其他补充说明）。

投 标 人：_____（盖单位章）[②]
法定代表人或其委托代理人：_____（签字）
地　　址：_____
网　　址：_____
电　　话：_____

[①] 本条款不适用于已按资格预审文件或招标文件要求提供了分项负责人的项目。
[②] 投标人仅须在投标函上加盖单位章，或由法定代表人或其委托代理人签字。

传　　真：_____

邮政编码：_____

_____年_____月_____日

二、授权委托书或法定代表人身份证明

（一）授权委托书[①]

本人_____（姓名）系_____（投标人名称）的法定代表人，现委托_____（姓名）为我方代理人。代理人根据授权，以我方名义签署、澄清确认、递交、撤回、修改_____（项目名称）_____标段勘察设计投标文件、签订合同和处理有关事宜，其法律后果由我方承担。

委托期限：自本委托书签署之日起至投标有效期期满。

代理人无转委托权。

附：法定代表人身份证复印件及委托代理人身份证复印件。

投　标　人：_____（盖单位章）
法定代表人：_____（签字）
身份证号码：_____
委托代理人：_____（签字）
身份证号码：_____

_____年___月___日

注：
1. 法定代表人和委托代理人必须在授权委托书上亲笔签名，不得使用印章、签名章或其他电子制版签名代替；
2. 以联合体形式投标的，本授权委托书应由联合体牵头人的法定代表人按上述规定签署。

[①] 如果由投标人的法定代表人签署投标文件，则无须提交授权委托书。

（二）法定代表人身份证明

投标人名称：_____
姓名：__(法定代表人亲笔签字)__ 性别：____ 年龄：____ 职务：_____
系_____（投标人名称）的法定代表人。
特此证明。

附：法定代表人身份证复印件。

　　　　　　　　　　　　　　　　　　　　投标人：_____（盖单位章）

　　　　　　　　　　　　　　　　　　　　　　　____年___月___日

注：法定代表人的签字必须是亲笔签名，不得使用印章、签名章或其他电子制版签名代替。

三、联合体协议书[①]

　　_____（所有成员单位名称）自愿组成_____（联合体名称）联合体,共同参加_____（项目名称）____标段勘察设计投标。现就联合体投标事宜订立如下协议。

　　1._____（某成员单位名称）为_____（联合体名称）牵头人。

　　2.联合体各成员授权牵头人代表联合体参加投标活动,签署文件,提交和接收相关的资料、信息及指示,进行合同谈判活动,负责合同实施阶段的组织和协调工作,以及处理与本招标项目有关的一切事宜。

　　3.联合体牵头人在本项目中签署的一切文件和处理的一切事宜,联合体各成员均予以承认。联合体各成员将严格按照招标文件、投标文件和合同的要求全面履行义务,并向招标人承担连带责任。

　　4.联合体各成员单位内部的职责分工如下:(牵头人名称)承担_____专业工程,占总工程量的____%;(成员一名称)承担____专业工程,占总工程量的____%;……。

　　5.投标工作和联合体在中标后工程实施过程中的有关费用按各自承担的工作量分摊。

　　6.本协议书自所有成员单位法定代表人签字或盖单位章之日起生效,合同履行完毕后自动失效。

　　7.本协议书一式____份,联合体成员和招标人各执一份。

联合体牵头人名称:_____（盖单位章）
法定代表人:_____（签字）

联合体成员名称:_____（盖单位章）
法定代表人:_____（签字）

联合体成员名称:_____（盖单位章）
法定代表人:_____（签字）
……

_____年___月___日

[①] 本联合体协议书格式适用于未进行资格预审的情况。如果采用资格预审,投标人应在此提供资格预审申请文件中所附的联合体协议书复印件。

四、投标保证金

若采用现金或支票，投标人应在此提供汇款凭证的复印件。
如采用银行保函，银行保函复印件装订在投标文件中，格式如下。

_____（招标人名称）：

鉴于_____（投标人名称）（以下称"投标人"）于_____年___月___日参加（项目名称）_____标段勘察设计的投标，_____（担保人名称，以下简称"我方"）无条件地、不可撤销地保证：若投标人在投标有效期内撤销投标文件，中标后无正当理由不与招标人订立合同，在签订合同时向招标人提出附加条件，不按照招标文件要求提交履约保证金，或发生招标文件明确规定可以不予退还投标保证金的其他情形，我方承担保证责任。收到你方书面通知后，我方在7日内向你方无条件支付人民币（大写）_____元。

本保函在投标有效期或经延长的投标有效期内保持有效。要求我方承担保证责任的通知应在上述期限内送达我方。你方延长投标有效期的决定，应通知我方。

担保人名称：_____（盖单位章）
法定代表人或其委托代理人：_____（签字）
地　　址：_____
邮政编码：_____
电　　话：_____
传　　真：_____

_____年___月___日

五、拟分包项目情况表

拟分包的工程项目	主要工程内容	勘察设计任务	分包工作量占总工作量的比例（%）	备 注
				若无分包计划,则投标人应在本表填写"无"
拟分包工作量合计比例（%）				

六、资格审查资料(适用于已进行资格预审的)

投标人应按通过资格预审后的新情况及第二章"投标人须知"第3.5.1项的规定对资格预审申请文件进行更新或补充,表格格式同资格预审文件规定。

六、资格审查资料（适用于未进行资格预审的）

（一）投标人基本情况表

投标人名称					
注册地址			邮政编码		
联系方式	联系人		电话		
	传真		电子邮件		
法定代表人	姓名		技术职称	电话	
技术负责人	姓名		技术职称	电话	
企业勘察资质证书	类型：		等级：	证书号：	
企业设计资质证书	类型：		等级：	证书号：	
营业执照号			员工总人数：		
注册资本		其中	高级职称人员		
成立日期			中级职称人员		
基本账户开户银行			技术人员数量		
基本账户银行账号			各类注册人员		
经营范围					
投标人关联企业情况	投标人应提供关联企业情况，包括： （1）投标人的所有股东名称及相应股权（出资额）比例；如投标人为上市公司，投标人应提供股权占公司股份总数____%以上的所有股东名称及相应股权比例； （2）投标人投资（控股）或管理的下属企业名称、持有股权（出资额）比例； （3）与投标人单位负责人（即法定代表人）为同一人的其他单位名称				
备注					

注：1. 投标人应根据招标文件第二章"投标人须知"第3.5.1项的要求在本表后附相关证明材料。

2. 以联合体形式参与投标的，联合体各成员应分别填写。

（二）投标人企业组织机构框图

以框图方式表示。

说明

（三）近年完成的类似项目情况表

序　号	
项目名称	
项目所在地	
发包人名称	
发包人地址	
发包人电话	
项目等级	
项目总投资	
合同价格	
承担的勘察设计工作	
勘察设计服务期限	
项目负责人	
项目完成情况	
项目描述	
备　注	

注：1. 每张表格只填写一个项目，并标明序号。

2. 项目完成情况：根据先后顺序分为"初步设计已批复""施工图设计已审批"等不同阶段，投标人应根据项目实际完成情况进行填报。

3. 投标人应根据招标文件第二章"投标人须知"第 3.5.2 项的要求在本表后附相关证明材料。

4. 如近年来，投标人法人机构发生合法变更或重组或法人名称变更时，应提供相关部门的合法批件或其他相关证明材料来证明其所附业绩的继承性。

5. 以联合体形式参与投标的，联合体各成员应分别填写。

（四）投标人的信誉情况表

项　　目	投标人情况说明

注：1. 投标人应按照招标文件第二章"投标人须知"前附表附录3和"投标人须知"正文第1.4.4项规定，逐条说明其信誉情况。

2. 投标人应根据招标文件第二章"投标人须知"第3.5.3项的要求在本表后附相关证明材料。

3. 以联合体形式参与投标的，联合体各成员应分别填写。

（五）拟委任的项目负责人资历表

姓　名		年　龄		执业或职业资格证书名称	
技术职称		学　历		拟在本标段工程任职	
工作年限				从事勘察设计工作年限	
毕业学校	＿＿＿年＿＿月毕业于＿＿＿＿＿＿学校＿＿＿＿＿专业,学制＿＿＿年				
经　历					
时　间	参加过的类似工程项目名称			担任职务	发包人及联系电话
获奖情况					
目前承担的任务					
备　注					

注：1. 本表应填写项目负责人相关情况。
　　2. 投标人应根据招标文件第二章"投标人须知"第 3.5.4 项的要求在本表后附相关证明材料。

(六)拟委任的分项负责人汇总表[①]

序号	本标段任职	姓名	技术职称	专业	执业或职业资格证明			备注
					证书名称	级别	证号	

注:本表填报的人员应满足招标文件第二章"投标人须知"前附表附录5的要求。

[①] 本表仅适用于特别复杂的特大桥梁和特长隧道项目主体工程以及其他有特殊要求的工程。

（七）拟委任的分项负责人资历表[①]

姓　名		年　龄		执业或职业资格证书名称	
技术职称		学　历		拟在本标段工程任职	
工作年限				类似勘察设计工作年限	
毕业学校	_____年____月毕业于_____学校_____专业，学制_____年				
经　历					
时　间	参加过的类似工程项目名称			担任职务	发包人及联系电话
获奖情况					
目前承担的任务					
备　注					

注：1. 本表人员应与表（六）中所列人员相一致。
2. 投标人应根据招标文件第二章"投标人须知"第3.5.5项的要求在本表后附相关证明材料。

[①] 本表仅适用于特别复杂的特大桥梁和特长隧道项目主体工程以及其他有特殊要求的工程。

七、其他资料

_____省(自治区、直辖市)

_____(项目名称)_____标段勘察设计招标

投 标 文 件

(技术文件)

投标人:_____(盖单位章)

_____年____月____日

八、技术建议书[①]

主要内容包括:
1. 对招标项目的理解和总体设计思路
2. 对招标项目勘察设计的特点、关键性技术问题的认识及其对策措施
3. 对前一阶段工作技术结论及技术方案的不同看法及建议[②]
4. 勘察设计工作量及计划安排
5. 勘察设计的质量保证措施、进度保证措施、安全保证措施
6. 后续服务的安排及保证措施
7. 其他建议

(附必要的图纸)

---

① 技术建议书采用标准图框 A3 幅面,单独装订成册。
② 本项适用于技术特别复杂的特大桥梁、长大隧道项目,或者地质、地形条件特别复杂的公路项目。

　　　　　　　　_____省（自治区、直辖市）

　　　　　　_____（项目名称）_____标段勘察设计招标

投 标 文 件

（报价文件）

　　　　　　　　　投标人：_____（盖单位章）
　　　　　　　　　　_____ 年 ____ 月 ____ 日

目 录

一、投标函

二、勘察设计费用清单

一、投　标　函

_____（招标人名称）：

1. 我方已仔细研究_____（项目名称）_____标段勘察设计招标文件的全部内容（含补遗书第____号至第____号），在考察工程现场后，愿意以人民币（大写）_____元（¥_____）的投标总报价（或根据招标文件规定修正核实后确定的另一金额，其中，增值税税率为_____），按合同约定完成勘察设计工作。

2. 在合同协议书正式签署生效之前，本投标函连同你方的中标通知书将构成我们双方之间共同遵守的文件，对双方具有约束力。

3. _____（其他补充说明）。

投 标 人：_____（盖单位章）[①]
法定代表人或其委托代理人：_____（签字）
地　　址：_____
网　　址：_____
电　　话：_____
传　　真：_____
邮政编码：_____

____年___月___日

[①] 投标人仅须在投标函上加盖单位章，或由法定代表人或其委托代理人签字。

二、勘察设计费用清单

（一）报价清单说明

1."报价清单"应与"投标人须知""通用合同条款""专用合同条款"和"发包人要求"一起使用。投标人应根据本招标项目前一阶段（工可阶段或初步设计阶段）批复意见和强制性要求，按照本招标文件规定的勘察设计工作内容和计划工作量，认真阅读分析本招标项目勘察设计原始资料，在编制完成技术建议书的前提下，慎重提出"报价清单"，并以此作为本招标项目勘察设计费的基础。

2.设计人应按照国家有关工程建设标准强制性条文和交通运输部有关标准、规范、规程、定额、办法、示例等要求的内容和深度，开展本招标项目的勘察设计工作，并将勘察设计费计入相应的报价项目中。"报价清单"所列的报价，应包括测量、勘察、测试、设计、专题研究等为完成本招标项目勘察设计全过程的一切费用，包括按合同规定应完成的勘察设计费和后续服务费（招标配合与施工配合）、与勘察设计文件审查有关的各种会议的会务费以及设计人自行委托咨询的咨询费、利润、税金等与此有关的一切费用。

3."报价清单"为通用表格，投标人应根据本招标项目工作内容，按照表格格式详细填写，以免遗漏或有误。投标人没有报价的项目，发包人将认为有关费用已包含在其他项目之中，不另行支付。凡清单项目中未包含的但在勘察设计中又必须完成的工作内容，均被认为已包含在清单各项目报价中，发包人不另行支付。

4.投标人在"报价清单"中报价应以人民币为单位。

5.投标人应在"报价清单"后附详细的计算说明，包括计算方法、取费依据等，以便招标人对投标人勘察设计报价的合理性作出判断。

（二）公路工程勘察工作报价清单表[①]

第_____标段　　　　　　　　　　　　　　　　　　　　　单位：人民币元

序号	项目名称	计量单位	实物工作量	单价金额	合价金额
1	控制测量				
-1	一级	km			
-2	二级	km			
-3	二等	km			
-4	三等	km			
-5	四等	km			
	...				
2	地形图测绘（陆地）				
-1	1:500	km²			
-2	1:1000	km²			
-3	1:2000	km²			
-4	1:5000	km²			
-5	1:10000	km²			
	...				
3	水下地形图测绘				
-1	1:200	km²			
-2	1:500	km²			
-3	1:1000	km²			
-4	1:2000	km²			
	...				
4	航空测绘				
-1	1:500	km²			
-2	1:1000	km²			
-3	1:2000	km²			
	...				
5	勘探				
-1	钻孔	m			

[①] 如果采用单价合同计价模式，招标人在报价清单表中应填入预估数量，作为投标的共同基础。

续上表

序号	项目名称	计量单位	实物工作量	单价金额	合价金额
-2	井探	m			
-3	槽探	m			
-4	洞探	m			
-5	标准贯入试验	m			
-6	动力触探	m			
-7	静力触探	m			
-8	地质雷达	点			
-9	地质雷达	km			
-10	物探				
-a	电法	点			
-b	地震法	点			
-c	地震法	km			
-d	声波	km			
-e	测井	点			
-f	测井	m			
	…				
6	**初测**	**km**			
	…				
7	**定测**	**km**			
	…				
8	**一次定测（如有）**	**km**			
	…				
合　　计					

注：本清单格式仅为示例，投标人应根据本招标项目工程特点、按照《公路工程地质勘察规范》《公路勘测规范》《公路勘测细则》及合同条款的相关规定，核实勘察工作内容及工作量，分别列出并填写本表各勘察项目的分项及子项。同时，投标人应将详细的计算说明（包括每一分项、子项的计算依据及计算过程等）附在报价清单后面。

(三)公路工程设计工作报价清单表[①]

第_____标段　　　　　　　　　　　　　　　　　　　　　　　　单位：人民币元

序号	项　　目	计量单位	实物工作量	单价金额	合价金额
一	初步设计				
1	公路				
-1	Ⅰ级				
-2	Ⅱ级				
-3	Ⅲ级				
	…				
2	桥梁				
-1	Ⅰ级				
-2	Ⅱ级				
-3	Ⅲ级				
-a	河槽内桥梁				
-b	河滩内桥梁				
	…				
3	隧道				
-1	Ⅰ级				
-2	Ⅱ级				
-3	Ⅲ级				
	…				
4	立体交叉				
-1	Ⅰ级				
-2	Ⅱ级				
-3	Ⅲ级				
	…				
5	交通工程及沿线设施				
	…				
6	环保、水保及绿化景观设计				
	…				

[①] 如果采用单价合同计价模式，招标人在报价清单表中应填入预估数量，作为投标的共同基础。

续上表

序号	项　　目	计量单位	实物工作量	单价金额	合价金额
7	专题研究				
	…				
二	施工图设计				
1	公路				
-1	Ⅰ级				
-2	Ⅱ级				
-3	Ⅲ级				
	…				
2	桥梁				
-1	Ⅰ级				
-2	Ⅱ级				
-3	Ⅲ级				
-a	河槽内桥梁				
-b	河滩内桥梁				
	…				
3	隧道				
-1	Ⅰ级				
-2	Ⅱ级				
-3	Ⅲ级				
	…				
4	立体交叉				
-1	Ⅰ级				
-2	Ⅱ级				
-3	Ⅲ级				
	…				
5	交通工程及沿线设施				
	…				
6	环保、水保及绿化景观设计				
	…				

续上表

序号	项　目	计量单位	实物工作量	单价金额	合价金额
7	专题研究				
	…				
三	其他				
	…				
合　计					

注：1. 本清单格式仅为示例，投标人应根据本招标项目工程特点和设计工作内容，分别列出并填写本表各设计项目的分项及子项。

2. 本清单表中"其他"是指工程设计实际需要或提供相关服务收取的费用。包括总体设计费、主体设计协调费、采用标准设计和复用设计费、非标准设备设计文件编制费、施工图预算编制费、竣工图编制费等。

3. 投标人应将详细的计算说明（包括每一分项、子项的计算依据及计算过程等）附在报价清单后面。

(四)报价清单汇总表

第_____标段　　　　　　　　　　　　　　　　　　　　单位:人民币元

序号	项　目	费用合计	备　注
(1)	公路工程勘察		
(2)	公路工程设计		
(3)	勘察设计费用合计		(3)=(1)+(2)
(4)	利润		按(3)的百分比报价
(5)	暂列金额		(5)=[(3)+(4)]×____%①
(6)	投标报价总计		(6)=(3)+(4)+(5)

---

① 暂列金额应按照专用合同条款第12.5款规定计列,暂列金额的百分比宜控制在5%以内。

附录　采用电子招标投标条款示例[①]

采用电子招标投标时,《公路工程标准勘察设计招标文件》的相应条款可作如下调整:

第一章　招标公告(未进行资格预审)

第5条、第6条修改为:

5. 招标文件的获取

5.1　凡有意参加投标者,请在_____电子交易平台(以下简称"电子交易平台",网址:_____)进行网员注册,并领取CA数字证书。

5.2　完成网员注册后,请于____年__月__日至____年__月__日,每日__时__分至__时__分(北京时间,下同),通过互联网使用CA数字证书登录"电子交易平台",明确所投标段,通过网上银行支付招标文件费用后下载招标文件。联合体投标的,由联合体牵头人完成网上支付、招标文件等资料下载。

5.3　招标文件每套售价_____元,售后不退。

6. 投标文件的递交及相关事宜

6.1　招标人将于下列时间和地点组织进行工程现场踏勘并召开投标预备会。
踏勘现场时间:____年__月__日__时__分,集中地点:_____;
投标预备会时间:____年__月__日__时__分,地点:_____。

6.2　投标文件应为加密的投标文件。投标文件递交的截止时间(投标截止时间,下同)为____年__月__日__时__分,投标人应在投标截止时间前,通过互联网使用CA数字证书登录"电子交易平台",将加密的投标文件上传,并保存上传成功后系统自动生成的电子签收凭证,递交时间即为电子签收凭证时间。逾期未完成上传或未按规定加密的投标文件,招标人予以拒收。

第一章　投标邀请书(适用于邀请招标)

第5条、第6条修改为:

[①] 本附录供招标人采用电子招标投标时参考,招标人应根据电子招标投标交易平台的要求编制相应条款。

5. 招标文件的获取

5.1 请你单位在_____电子交易平台(以下简称"电子交易平台",网址:_____)进行网员注册,并领取 CA 数字证书。

5.2 完成网员注册后,请于____年__月__日至____年__月__日,每日__时__分至__时__分(北京时间,下同),通过互联网使用 CA 数字证书登录"电子交易平台",明确所投标段,通过网上银行支付招标文件费用后下载招标文件。联合体投标的,由联合体牵头人完成网上支付、招标文件等资料下载。

5.3 招标文件每套售价_____元,售后不退。

6. 投标文件的递交及相关事宜

6.1 招标人将于下列时间和地点组织进行工程现场踏勘并召开投标预备会。

踏勘现场时间:____年__月__日__时__分,集中地点:_____;

投标预备会时间:____年__月__日__时__分,地点:_____。

6.2 投标文件应为加密的投标文件。投标文件递交的截止时间(投标截止时间,下同)为____年__月__日__时__分,投标人应在投标截止时间前,通过互联网使用 CA 数字证书登录"电子交易平台",将加密的投标文件上传,并保存上传成功后系统自动生成的电子签收凭证,递交时间即为电子签收凭证时间。逾期未完成上传或未按规定加密的投标文件,招标人予以拒收。

第一章 投标邀请书(代资格预审通过通知书)

正文第二自然段修改为:

请你单位在_____电子交易平台(以下简称"电子交易平台",网址:_____)进行网员注册,并领取 CA 数字证书。

完成网员注册后,请于____年__月__日至____年__月__日,每日__时__分至__时__分(北京时间,下同),通过互联网使用 CA 数字证书登录"电子交易平台",明确所投标段,通过网上银行支付招标文件费用后下载招标文件。联合体投标的,由联合体牵头人完成网上支付、招标文件等资料下载。

正文第五自然段和第六自然段修改为:

投标文件应为加密的投标文件。投标文件递交的截止时间(投标截止时间,下同)为____年__月__日__时__分,投标人应在投标截止时间前,通过互联网使用 CA 数字证书登录"电子交易平台",将加密的投标文件上传,并保存上传成功后系统自动生成的电子签收凭证,递交时间即为电子签收凭证时间。逾期未完成上传或未按规定加密的投标文件,招标人予以拒收。

第二章 投标人须知

投标人须知前附表相应条款修改为:

条款号	条 款 名 称	编 列 内 容
1.10.2	投标人在投标预备会前提出问题	时间: 形式:使用CA数字证书登录"电子交易平台",在"投标答疑"菜单以书面形式将提出的问题送达招标人
2.2.1	投标人要求澄清招标文件	时间:_____年___月___日___时___分 形式:使用CA数字证书登录"电子交易平台",在"投标答疑"菜单以书面形式要求招标人对招标文件予以澄清
2.2.2	招标文件澄清发出的形式	通过"电子交易平台"发出招标文件澄清
2.3.1	招标文件修改发出的形式	通过"电子交易平台"发出招标文件修改

投标人须知正文第2.2.3项修改为:

2.2.3 招标文件澄清发出的同时,"电子交易平台"以手机短信方式提醒投标人登录平台查看。投标人应注意及时浏览网上发出的澄清,因投标人自身原因未及时获知澄清内容而导致的任何后果将由投标人自行承担。

投标人须知正文第2.3.2项修改为:

2.3.2 招标文件修改发出的同时,"电子交易平台"以手机短信方式提醒投标人登录平台查看。投标人应注意及时浏览网上发出的修改,因投标人自身原因未及时获知修改内容而导致的任何后果将由投标人自行承担。

投标人须知正文第2.4款修改为:

2.4 招标文件的异议

投标人或其他利害关系人对招标文件有异议的,应在投标截止时间10日前以书面形式提出。招标人将在收到异议之日起3日内作出答复;作出答复前,将暂停招标投标活动。提出异议与作出答复均应通过"电子交易平台"在"异议与答复"菜单以书面形式完成。

投标人须知正文第3.7款修改为:

3.7 投标文件的编制

3.7.1 投标文件应按第六章"投标文件格式"进行编写,如有必要,可以增加附页,作为投标文件的组成部分。

3.7.2 投标文件应对招标文件有关勘察设计服务期限、投标有效期、质量要求、安全目标、发包人要求、招标范围等实质性内容作出响应。

3.7.3 投标文件的制作应满足以下规定：

(1)投标文件由投标人使用"电子交易平台"自带的"投标文件制作工具"制作生成。

(2)投标人在编制投标文件时应建立分级目录，并按照标签提示导入相关内容。

(3)投标文件中证明资料的"复印件"均为"原件的扫描件"，应从"电子交易平台"会员诚信库中选择并进行超链接，未标示"复印件"的证明资料均应直接制作生成。

(4)投标文件中的已标价报价清单数据文件应与招标人提供的报价清单数据文件格式一致。

(5)第六章"投标文件格式"中要求盖单位章和(或)签字的地方，投标人均应使用 CA 数字证书加盖投标人的单位电子印章和(或)法定代表人的个人电子印章或电子签名章。联合体投标的，投标文件由联合体牵头人按上述规定加盖联合体牵头人单位电子印章和(或)法定代表人的个人电子印章或电子签名章。

(6)投标文件制作完成后，投标人应使用 CA 数字证书对投标文件进行文件加密，形成加密的投标文件。

(7)投标文件制作的具体方法详见"投标文件制作工具"中的帮助文档。

3.7.4 因投标人自身原因而导致投标文件无法导入"电子交易平台"电子开标、评标系统，该投标视为无效投标，投标人自行承担由此导致的全部责任。

投标人须知正文第4.1款修改为：

4.1 投标文件的加密

投标文件应按照本章第3.7.3项要求制作并加密，未按要求加密的投标文件，招标人("电子交易平台")将拒绝接收并提示。

投标人须知正文第4.2款修改为：

4.2 投标文件的递交

4.2.1 投标人应在第一章"招标公告"或"投标邀请书"规定的投标截止时间前，通过互联网使用 CA 数字证书登录"电子交易平台"，将加密的投标文件上传，并保存上传成功后系统自动生成的电子签收凭证，递交时间即为电子签收凭证时间。投标人应充分考虑上传文件时的不可预见因素，未在投标截止时间前完成上传的，视为逾期送达，招标人("电子交易平台")将拒绝接收。

4.2.2 根据本章第4.1款的规定，投标人递交的投标文件，只要出现应当拒收的情形，其投标文件予以拒收。

投标人须知正文第4.3款修改为：

4.3 投标文件的修改与撤回

4.3.1 在本章第4.2.1项规定的投标截止时间前，投标人可以修改或撤回已递交的投标文件。投标人对加密的投标文件进行撤回的，应在"电子交易平台"直接进行撤回操作；投标人对加密的投标文件进行修改的，应在投标截止时间前完成上传。

4.3.2 投标人修改投标文件的，应使用"投标文件制作工具"制作成完整的投标文件，并按照本章第3条、第4条规定进行编制、加密和递交。对采用网上递交的加密的投标文件，以投标截止时间前最后完成上传的文件为准。

4.3.3 投标人撤回投标文件的，招标人自收到投标人书面撤回通知之日起5日内退还已收取的投标保证金。

投标人须知正文第5.1款修改为：

5.1 开标时间和地点

招标人在本章第4.2.1项规定的投标截止时间（开标时间）和投标人须知前附表规定的地点对收到的投标文件第一个信封（商务及技术文件）公开开标，并邀请所有投标人的法定代表人或其委托代理人准时参加。

招标人在投标人须知前附表规定的时间和地点对投标文件第二个信封（报价文件）进行开标，并邀请所有投标人的法定代表人或其委托代理人准时参加。

投标人若未派法定代表人或委托代理人参加第一个信封（商务及技术文件）开标的，其投标将被否决。投标人若未派法定代表人或委托代理人参加第二个信封（报价文件）开标的，视为该投标人默认第二个信封（报价文件）的开标结果。

投标人须知正文第5.2款修改为：

5.2 开标程序

5.2.1 主持人按下列程序对投标文件第一个信封（商务及技术文件）进行开标：
（1）宣布开标纪律；
（2）公布在投标截止时间前递交投标文件的投标人数量；
（3）宣布开标人、唱标人、记录人等有关人员姓名；
（4）由招标人现场随机抽取的投标人代表抽取评标基准价系数（如有）；
（5）投标人代表解密加密的投标文件；
（6）招标人对未成功解密的投标文件进行退回并按本章第5.3款进行补救处理，对已解密成功的投标文件进行二次解密；
（7）导入并读取所有解密成功的投标文件第一个信封（商务及技术文件）的内容；

(8)公布标段名称、投标人名称、投标保证金的递交情况、勘察设计服务期限及其他内容,并记录在案;

(9)投标人代表、招标人代表、记录人等有关人员在开标记录上签字确认;

(10)开标结束。

5.2.2 投标文件第二个信封(报价文件)在投标文件第一个信封(商务及技术文件)完成评审前,"电子交易平台"的开标评标系统将不进行读取。

5.2.3 招标人将按照本章第5.1款规定的时间和地点对投标文件第二个信封(报价文件)进行开标。主持人按下列程序进行开标:

(1)宣布开标纪律;

(2)当众拆开投标文件第一个信封(商务及技术文件)评审结果的密封袋,宣布通过投标文件第一个信封(商务及技术文件)评审的投标人名单;

(3)宣布开标人、唱标人、记录人等有关人员姓名;

(4)开标人将所有投标文件第二个信封(报价文件)的内容导入"电子交易平台"的开标评标系统,未通过投标文件第一个信封(商务及技术文件)评审的投标人的第二个信封(报价文件)不予读取;

(5)公布标段名称、投标人名称、投标报价及其他内容,并记录在案;

(6)投标人代表、招标人代表、记录人等有关人员在开标记录上签字确认;

(7)开标结束。

5.2.4 在投标文件第二个信封(报价文件)开标现场,招标人将按第三章"评标办法"规定的原则计算并宣布评标基准价。若招标人发现投标文件出现以下任一情况,其投标报价将不再参加评标基准价的计算:

(1)未在投标函上填写投标总价;

(2)投标报价超出招标人公布的最高投标限价(如有);

(3)投标报价的大写金额无法确定具体数值;

(4)投标函上填写的标段号与投标文件封套上标记的标段号不一致。

如果投标人认为某一标段的评标基准价计算有误,有权在开标现场提出,经招标人当场核实确认之后,可重新宣布评标基准价。开标现场宣布的评标基准价除计算有误经评标委员会修正外,在整个评标期间保持不变,不随任何因素发生变化。

5.2.5 在投标文件第一个信封(商务及技术文件)或第二个信封(报价文件)开标过程中,若招标人宣读的内容与投标文件不符,投标人有权在开标现场提出疑问,经招标人当场核查确认之后,可重新宣读其投标文件。若投标人现场未提出疑问,则认为投标人已确认招标人宣读的内容。

投标人须知正文第5.3款修改为:

5.3 开标补救措施

5.3.1 开标过程中因本章第5.3.2项、第5.3.3项所列原因,导致系统无法正常运行,将按投标人须知前附表的规定采取补救措施。

5.3.2 因"电子交易平台"系统故障导致投标人无法正常上传加密的投标文件,投标人应打印并递交电子交易平台自动生成的上传失败的异常记录单。

5.3.3 当出现以下情况时,应对未开标的中止电子开标,并在恢复正常后及时安排时间开标:

(1)系统服务器发生故障,无法访问或无法使用系统;
(2)系统的软件或数据库出现错误,不能进行正常操作;
(3)系统发现有安全漏洞,有潜在的泄密危险;
(4)出现断电事故且短时间内无法恢复供电;
(5)其他无法保证招投标过程正常进行的情形。

5.3.4 采取补救措施时,必须对原有资料及信息作出妥善保密处理。

5.4 开标异议

投标人对开标有异议的,应在开标现场提出,招标人当场作出答复,并制作记录,有异议的投标人代表、招标人代表、记录人等有关人员在记录上签字确认。

投标人须知正文第6.3款修改为:

6.3 评标

6.3.1 评标委员会按照第三章"评标办法"规定的方法、评审因素、标准和程序对投标文件进行评审。第三章"评标办法"没有规定的方法、评审因素和标准,不作为评标依据。

6.3.2 评标及补救措施

评标委员会按照本章第6.3.1项的规定在电子评标系统上开展评审工作。如果评标过程中出现异常情况,导致无法继续评审工作的,可暂停评标,对原有资料及信息作出妥善保密处理,待电子评标系统恢复正常之后,应重新组织评审。

评标完成后,评标委员会应向招标人提交评标报告和中标候选人名单。评标委员会推荐中标候选人的人数见投标人须知前附表。

投标人须知正文第7.2款修改为:

7.2 评标结果异议

投标人或其他利害关系人对依法必须进行招标的项目的评标结果有异议的,应在中标候选人公示期间提出。招标人将在收到异议之日起3日内作出答复;作出答复前,将暂停招标投标活动。提出异议与作出答复均应通过"电子交易平台"在"异议与答复"菜单以书面形式进行。

投标人须知正文第7.5款修改为:

7.5 中标通知

在本章第3.3款规定的投标有效期内,招标人应通过"电子交易平台"以数据电文形式向中标人发出中标通知书,同时将中标结果通知未中标的投标人。